U0022401

人類文明小百科

Les Grecs

希臘人

MAURICE MEULEAU　著

鄭德弟　譯

三民書局

希臘世界的曙光 4

    希臘人：何地、何時? 6

    定居 12

    尚武的社會 15

    城邦的誕生 18

文明的創立 24

    貴族城邦時代 26

    危機和發展 32

    希臘人與其神明 38

    奧林匹亞的宙斯雕像 41

被稱為「古典」的時代 46

    公元前六至五世紀的雅典 48

    日常生活 54

    伯里克利世紀 60

    公元前五世紀：連綿不斷的戰爭 66

    重武裝步兵的對抗 69

城邦和王國：希臘的擴張 72

    馬其頓時期 74

    希臘化世界 80

    亞歷山大里亞的燈塔 85

    古希臘文化的影響 86

    補充知識 88

    小小詞庫 93

    索引 96

目

次

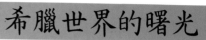

希臘人：
何地、何時？

定居

城邦的誕生

希臘人：何地、何時？

巴爾幹

馬其頓 佩拉
伊庇魯斯 奧林帕斯山 2917 m
多多納
賽薩利
德摩比勒隘道
多里德 帕爾納斯山 2458m
埃托利亞 比奧提亞
伊撒卡 阿夏依 德爾斐 底比斯
埃利德 科林斯 雅典
阿卡迪亞 邁錫尼 薩拉米寧島
奧林匹亞 阿哥斯城 埃吉納島
伯羅奔尼撒 迪安特
麥西尼亞 斯巴達
拉科尼亞 米洛

愛奧尼亞海

愛琴海

色雷斯
（篷－厄克森）黑海

普羅篷提德

特洛伊
埃奧里德
勒波斯
弗凱亞
開俄羅斯
薩摩斯
狄洛斯
帕羅斯
基克拉季島 納克索斯 科斯島
桑托林島
（迪拉）
克里特島
2456m 克諾薩斯
伊達山

福萊吉亞

利底亞
愛奧尼
埃萊斯

羅得島

地 中 海

高度
1 000 m
400 m
0 m
北
100 km
----- 古希臘邊界
.... 實際海岸

6

希臘世界的曙光

原為火山的希臘世界處於地震的威脅之下：愛奧尼亞群島及雅典分別於1953年及1981年受到地震的破壞。早在公元前1500年，迪拉火山島（桑托林島）就曾因島上火山爆發而幾乎消失。火山灰一直散落到克里特島，巨大的海嘯使愛琴海數百公里的瀕海地區遭到毀壞。

土地和海

古希臘，即城邦時代的希臘只佔有今天希臘的南部：面積最多不超過十萬平方公里。馬其頓、色雷斯和北部伊庇魯斯在希臘歷史上扮演過極為重要的角色。它們今日依然是希臘的周邊地區。

希臘為丘陵和山岳之國，卻又濱臨深水海灣，地勢起伏不平，各地相互分隔，沒有

任何一處離海岸超過九十公里。冬季溫和、夏季炎熱乾燥：在這個地中海氣候的國度，水是稀罕的財富，因此人們很早就學會了在雨水池中蓄水。

有限的資源

希臘有兩個大平原：比奧提亞和賽薩利平原，此外還有沿海一些小平原及整治成梯田的土地；這造就了用來生產糧食但產量不高的一萬兩千平方公里的可耕地。因此它必需迅速地輸入穀物。不過，油橄欖樹、無花果樹和葡萄的種植也比比皆是。

希臘缺乏木材。只有色雷斯和馬其頓有足夠的雨水可使森林更新。牧場很少，因此，小群的山羊、豬和綿羊便在常綠矮灌木叢和密林裡遊蕩。人們飼養的驢比馬多，牛並不多見。狩獵補充了肉類的不足。不過得提防野豬、狼、熊，甚至還有很晚才在希臘山區絕跡的獅子。

地下的礦藏有銅、金、銀和鐵*，雖不豐富，但尚能滿足規模不大的工業的需求；此時勞力的價格並不昂貴。

海是無處不在的。它不僅提供了魚類，也為希臘人提供了寬廣的運輸通道，以便到別處去取他們所缺乏的東西。

註：帶星號*的字可在書後的「小小詞庫」中找到。

乍看起來，愛琴海似乎是個很適合航海的地方，船員們幾乎隨處都可以看到陸地；岩岸則提供了數不勝數、可供躲避的港灣。至於風……，在四月、五月、以及九月中旬至十月底，這些時候風刮得不算兇。除這一百天外，風隨時有可能發展為風暴。駕一艘划槳的船、靠一帆簡陋的風帆在愛琴海航行永遠是一種冒險。

在這十萬平方公里的土地上，最多曾有二百至三百萬居民。因無力養活更多人，在古代正如今天的希臘一樣，移居他國是不可避免的。因為生活的過份儉樸，甚至營養不良，一個古希臘人通常只能活到40–45歲，比現在的人少了30年。

7

希臘世界的曙光

「普萊姆的財寶」

1873年6月18日，亨利希·施利曼的工人們掘出了一些發亮的金屬碎塊；施利曼支開工人後便和妻子一起扒土：他們共搜集到八千塊金製器物的碎塊。這些碎塊被集中在一個披巾裡秘密運往雅典給一位金銀匠裝配，於是，施利曼太太戴著罕見的首飾照了相。她的丈夫自以為重新找到了「普萊姆的財寶」。普萊姆是希臘人圍攻特洛伊時特洛伊的君主（公元前13世紀）。今天我們知道，「普萊姆的財寶」比這還要早一千年！

追逐財寶

在18世紀以前，人們只能透過一些偉大古典作家的著作以及途經希臘的旅行家所畫的圖畫來瞭解古希臘；18世紀時，土耳其人正佔據著這個國家。

第一批遺跡的發現與其說是傑出考古學家研究的結果，不如說是「追逐財寶」的產物。我們在著名的例證中試舉兩件：1801-1804年間，額爾金勳爵藉著與土耳其政府的協議取走了帕德嫩神廟的雕塑；法國大使則在收買米洛斯農民耕地時發現了米洛的維納斯雕像（1820年）。

希臘世界的曙光

考古學家的偉大世紀

19世紀，考古學家開始有條不紊地發掘古代世界的重要遺址。德國人H‧施利曼1871年在特洛伊及1876年在邁錫尼的發掘雖尚屬冒險性質，但它們卻揭示了一個人們以前根本不知道的過去（公元前2200-1150年）。隨著德國人1877年起在奧林匹亞的發掘和法國人1892年起在德爾菲的發掘以及其他許多同類工作的展開，考古學時代來臨了。隨之發生了許多令人驚訝的事！1900年，英國人伊文思在克里特島的發掘揭示了一個人們先前未曾知曉的文明，即克里特文明（公元前3000-2000年）；1901年，希臘人C‧楚恩達斯在迪米尼發現了公元前4000年定居於希臘的居民遺跡。

越來越多的發現

三十年來，考古學家們累積了可觀的成果。

1967年後，希臘人S‧馬利納托斯在迪立（即桑托林島）將一座公元前1500年火山暴發所摧毀的城市公諸於世（有人說它是另一座「龐貝城」）。1977年，另一個希臘人M‧安德羅尼科斯在維爾吉納發現了馬其頓諸國王的墓葬，並且肯定其中一個是亞歷山大大帝之父腓力二世的墳墓。1964-1978年間，法國考古學家發現並勘察了由同一個亞歷山大在中亞建立的希臘城市：埃卡諾姆；俄國

利亞斯的青銅人

1972年，潛水員們在南義大利利亞斯外海發現一艘羅馬沉船的殘骸，其中有兩具青銅*雕像。經過沖洗、復原，發現這是兩個原先手裡拿著長矛和盾牌的戰士雕像。這兩個雕像於公元前約460-430年間澆鑄於雅典，四個世紀後被羅馬人奪得並作為戰利品運走。

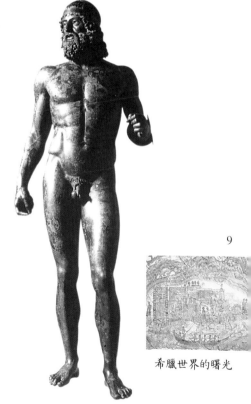

9

希臘世界的曙光

大理石偶像

我們從基克拉季斯島看到一些令人迷惑不解的雕塑。它們是用極光滑的大理石鑿成的，可能代表某些賦予人類、田野及畜群生殖力的大女神*。不過它們也可能是一些崇拜者，即永遠在祈禱中的人；或是那些一面敬奉神明、一面以笛子或豎琴演奏聖曲的人。

10

希臘世界的曙光

的入侵一度使他們的工作中斷。人們不斷在埃及沙漠中找到寫在紙莎草*紙上的希臘文獻。而在地中海底，海底考古學家找到了古代船隻的殘骸，有時還可發現其裝載物。

希臘人自公元前2000年起逐漸定居於愛琴海地區。然而在他們之前，這片土地並不是空白的；希臘人繼承了公元前4000-3000年間生活於此的人們所創造的一切，尤其是原始的農業以及航海技術。

希臘人到達以前

公元前3000年以後興盛於希臘的青銅*時代文明被稱為「愛琴文明」。不過分享這一文明的只有愛琴海的沿岸地區。

人們並不清楚這一青銅文明是如何傳播的：它可能來自小亞細亞*西北部，那裡的特洛伊城曾是一個繁榮的中心。這正是特洛伊的君主積聚：「普萊姆財寶」的時期（見p.8）。它也有可能通過愛琴海諸島，先傳到基克拉季斯島，再到克里特島，最後傳到希臘本土。

這些地區都採用同一種生活方式，其基本精神一直延續到上一世紀：男子效力於一切可耕作的土地（小平原或山坡上整治成梯田的土地），並散居於數不勝數的小城市或村莊。此時農業已經發端，人們用擺桿步犁耕地；隨著時光流逝，人們學習種植葡萄、無花果樹和油橄欖樹。

愛琴海諸島，尤其是基克拉季斯島，為新型生活的中心之一：當時石料的使用仍比青銅*更為普遍，而米洛斯島的黑曜岩礦則為所有周邊民族提供了製作工具的原料；大船只航行於海上；奇特的偶像是在島上靠海（一切財富之源）的小城市裡建造的，而這些城市則以城牆小心翼翼地防禦著海盜的攻擊。

在海上

希臘人來了

自公元2000年起，被稱為「印歐人*」的某些民族從多瑙河平原和烏克蘭草原緩慢遷移到了愛琴海沿岸。這只是一個波及印度的巨大運動的一部份。在歐洲，第一批希臘人經巴爾幹和小亞細亞*到達這裡。雖然這些外來者也處於青銅器時代，他們建立於氏族基礎之上的社會和政治組織卻是新型的。他們的神明是特殊的：神明世界由天空的主宰（宙斯）統治，戰爭則是由一位女神，未來的雅典娜執掌。他們飼養牲畜，也馴養供給戰士用的馬匹。這些民族說希臘語。

學者認為，這些用了五個世紀緩慢推進到希臘的民族可分為三個群體：亞加亞人，愛奧尼亞人和伊奧利亞人。約至公元前1500年，遷移運動停了下來。在每個群體停下來的地方，人們都講希臘語；但各個群體又各自有自己的方言。

最初的航海者是乘木筏、蘆葦船、皮筏或獨木舟來對付愛琴海的。由於青銅*、鋸子的出現，人們可以製造有木板固定在肋骨上的船。這只「西羅斯長柄平底鍋」上裝飾有一艘最初的巡洋艦；其高高的船尾上飾有一隻海豚，整艘船由三十名左右的划槳手推動。

希臘世界的曙光

定居

宮殿中的米諾斯王

1900年，當A‧伊文思爵士把克諾薩斯王宮的遺跡公諸於世時，大家看到了傳說中米諾斯國王的住所。之後，又有一些宮殿在法伊斯托斯、馬利亞、古爾尼亞等地相繼被發現。原來，公元前2100-1400年間，克里特人的生活是以這些宮殿為中心組織起來的。

克諾薩斯是這些宮殿中最大的一個。在公元前1700年左右毀於一場地震。重建後，在公元前1450年左右又被希臘入侵者破壞。它錯綜複雜的房間、通道、倉庫使人想起那個令人弄不清方向的迷宮*，傳說怪物米諾托就是被米諾斯國王關在這裡。這些宮殿沒有

克諾薩斯王宮

在五個層面上，王宮至今還有大小不等的八百個房間；以前可能曾經有過一千三百間。他們在建造及佈置居所時第一次考慮到了起居設施和衛生設施的舒適：從引水設備、下水道、公用廁所以及有光井照明的房間可以證明這一點。宮殿內的壁畫和傢俱不僅為了娛樂也為了舒適。

希臘世界的曙光

12

一個是設防的。所有宮殿、連同其倉庫和工場都曾是經濟活動的中心；粘土板上的一份帳單證明了這一點。但我們對於當時住在此類宮殿裡的君主所能行使的政治權力卻一無所知。

克里特文明

記載此一文明的文獻：只有一些考古的實證、器物、古蹟、繪畫等等。但這些足以證明克里特曾是十分開化的，且當時工匠們的手藝相當夠水準。在近東與埃及找到的器物和壁畫，使我們知道當初的航海活動連結了克里特和敘利亞，以及經塞浦路斯連結埃及。作為商人（偶爾也作為海盜）的克里特人，他們是否曾經建立某種海上帝國呢？在桑托林島上發現具有克里特風格的城市，使我們確信是受克里特文明影響的結果，但決不是一種統治。

保證生殖力的大女神*是克里特眾神的中心，由一個男神陪伴著她，這個男神可能以一把雙面斧*和公牛來代表。如何稱呼這些神明呢？祭司如何籌備神明的祭禮呢？我們只看到克里特人到處出現在儀式行列及為鬥牛而形成的組織集會中。

克里特人曾是希臘人的導師。他們教希臘人種植葡萄和油橄欖樹，焊接青銅*，用陶車製作器皿，造船和航海。希臘人也打開了東方世界的大門，他們用色彩鮮豔的繪畫裝點自己的住所，並用植物和動物的圖案來裝

拿蛇的女祭司

她是女祭司還是女神？這個陶瓷小雕像與崇拜生殖女神有關：裸露的胸脯、揮動著蛇，頭上棲息著一隻鴿子（刺激性欲的鳥）。

在希臘人眼裡，米諾斯是個頗具個性的君主，他可能在公元前14或13世紀時統治過希臘。希臘人還把他變成一個神話人物，說他讓提達魯斯建造了一個迷宮*，怪物米諾托*就在裡面遊蕩。因為米諾斯生前為一個嚴屬又公正的國王，傳說米諾斯死後變成了地獄*三判官之一；他當然當之無愧。

13

希臘世界的曙光

邁錫尼的金子

當邁錫尼早已不復存在時，希臘人還在引證荷馬的話「富有金子」。在19世紀最初發掘的一些墳墓裡，人們找到了真正的財寶（首飾、金器皿……），它們與死者埋在一起。更稀奇的是人們找到了戴在死者臉上，使死者面部輪廓得以永存的金面具（公元前16-15世紀）。

人們可能捉摸不透克諾薩斯君主的房間位於何處。君主不在邁錫尼，不在迪安特、也不在畢洛斯，他待在一個名叫「梅加隆」的房間裡，中間有個石砌的壁爐，四根柱子簇擁著它。想進入房間先要穿過建有柱子的門廊（即未來的柱廊*）和一個候見廳。多少世紀過去了，但希臘人仍保留了此種方式，尤其在建造廟宇時更加如此。

14

希臘世界的曙光

飾器皿。希臘女子至少曾經一度穿著閃色的服飾，也可能與克里特女子一樣，扮演與男子同等的角色。

最初的希臘諸國：邁錫尼人

人們因1876年H・施利曼在邁錫尼的發掘，瞭解在公元前16-12世紀期間，一種獨特的、帶有明顯尚武特徵的文明在此時傳播到了希臘。

辨讀在這個時期宮殿中發現的泥板，學者在1953年確定它們是以希臘文寫成的。稱為「邁錫尼」（因為邁錫尼古蹟最具特色）或「亞加亞」的文明因此是隸屬於希臘文明的。

在邁錫尼、迪安特、畢洛斯、奧爾科麥納等地的城堡及其它許多城堡，這些城堡周圍組織起來的一些小王國瓜分了希臘。他們的君主重新採用了克里特宮殿的經濟模式，不過這些君主是戰士，由他們住所的裝飾主調及已發現的武器可以證明此點。

公元前1450年，這些希臘人佔領並破壞了克諾薩斯，把克里特島變成了他們的屬地。他們不僅跟隨克里特的航海者勘察了通往東方的海路，也開闢了通往西西里及直至坎佩尼亞的南義大利航線。於是，他們在小亞細亞西側定居了下來，那裡正是安那托利亞高原與愛琴海交接之處。特洛伊城可能是在公元前13世紀被具有商人及海盜雙重身份的邁錫尼人佔領並破壞。

尚武的社會

戰士們從獅子門穿過邁錫尼巨大的城牆，動身踏上征途。貴族在一名侍從的護送下站上馬車：這是一輛運輸車而非戰車；貴族的武器太重，尤其是金屬護胸甲和有兩個保護瓣的盾牌，因此只有在戰鬥時他才武裝起來。跟在後面的步兵要易受傷害得多了，他們的護胸甲是用麻編的或是用填塞了墊料的皮革製成的，不過他們行動也因此方便些。

希臘世界的曙光

人們曾把多利安人的到來認為是殘暴且造成大量傷亡的入侵，並因此扼殺了燦爛高雅的邁錫尼文明。而今天人們知道，在多利安人一波波抵達之際，邁錫尼社會已經陷於經濟危機之中。他們的出現及破壞確實加劇了這種困難的局面，但他們人數不多，遷徙速度又慢，並不足以摧毀一個社會。

移動和遷徙

自公元前1200年起，從希臘到敘利亞甚至到埃及，民族的移動使東地中海動蕩不安：埃及人把他們稱為：「海上民族*」。

我們看到了一種互相換位的緩慢遷移。從巴爾幹南下地中海的希臘人、多利安人，來到希臘並在公元前約1150年征服並破壞邁錫尼。於是，亞加亞人只好躲到阿卡迪亞高原或成群前往塞浦路斯。愛奧尼亞人則蟄居在阿蒂卡半島和埃維厄島。有些人甚至渡海佔據了基克拉季斯群島，並進而佔據開俄羅斯島和薩摩斯島，最終抵達了亞洲沿岸。這一切花了二至三個世紀。

塞浦路斯：

一個「博物館」

塞浦路斯長期保存著部份邁錫尼文明及亞加亞文明。它的彩繪器皿保留了傳統的尚武主題，並從「線形文字 B」出發，發明了音節文字*。它不僅僅是個博物館。在這些動蕩不定的世紀中，它一直是希臘人東進的前哨陣地。它在腓尼基人之前便把人員、產品及思想輸入希臘。

16

希臘世界的曙光

一個新世界

約在公元前 900 年，希臘人在愛琴海周圍長期定居下來。其實事實是，他們佔據了希臘本土、愛琴海諸島、克里特島、塞浦路斯及小亞細亞*西部一直至1923年，即28個世紀以後，他們才被驅離這裡！依其使用的方言分類可將他們分為亞加亞人（阿卡迪亞及塞浦路斯）、愛奧尼亞人（阿蒂卡、愛琴海諸島、小亞細亞沿岸中部）、伊奧利亞人（貝奧蒂、賽薩利、小亞細亞沿岸北部）和多利安人（拉科尼亞、阿戈利斯、克里特、羅得島及小亞細亞沿岸南部）。

新城市出現了：如建於離邁錫尼不遠處的阿哥斯，尤其是位於拉科尼亞，多利安人的城市，斯巴達。西方海上貿易的凋零使希臘失去了錫的供應；既然再也不能生產青銅*，鐵*的冶鍊便普及了。火葬*的習俗亦是普及：焚屍的柴堆要比埋屍骨的墳墓多。

線形文字B

人們至今仍未能譯讀克里特錄事們使用的線形文字A，但能譯讀線形文字B。線形文字B是為記錄希臘語彙而創造的一種音節文字，由刻在粘土泥板上一百個左右的符號構成，主要用於會計和行政文案。自公元前11世紀起，只有塞浦路斯的亞加亞人使用此一衍生形態。

17

希臘世界的曙光

城邦的誕生

黑暗的世紀

歷史學家稱公元前1100–800年間的時期為希臘的「中世紀」。 這一階段的建築遺蹟很少，器物、武器、工具和陶瓷器的殘留品也很少，似乎是一個倒退的時代。反常的是，《伊里亞德》和《奧狄賽》這兩部重要文學著作卻正來自這個時期。

荷馬：《伊里亞德》和《奧狄賽

多少世紀以來，人們始終在爭論，單靠荷馬一個人能創作出兩部不朽巨著嗎？兩部作品本身的用詞及描述的世界是如此的不同。

人們寧可對此予以肯定，不過要以下述的背景為前提：荷馬以前的吟唱詩人可能靠記憶保存了創作於邁錫尼時代的重要英雄敘事詩。公元前八世紀荷馬整理修飾了這些片斷，並將其組織成兩大主題：特洛伊圍城之際阿奇里斯的憤怒（《伊里亞德》）和尤里西斯返回伊撒卡（《奧狄賽》）。荷馬可能同時把這些敘述融入了當時公元前九至八世紀他所生活的世界裡。

後來，荷馬成了希臘世界某種精神與道德之父。七個城邦的爭奪是他誕生地的榮譽。有關他生平的所有敘述以及他是盲人這些都是一致的。公元前700年，由於字母文字的使用，《伊里亞德》和《奧狄賽》被寫成了文字*。直至古代社會末期，希臘孩子們都是依據荷馬史詩的作品學習閱讀的。

18

希臘世界的曙光

特洛伊戰爭

這場戰爭中最著名的插曲之一便是「特洛伊之馬」。在圍城十年之後，希臘人採用了尤里西斯的計謀：向特洛伊人呈送一個埋伏有希臘戰士的巨大木馬，而希臘軍隊則佯裝解除城圍，登舟離去。受騙的特洛伊人把這隻木馬看成是海神波賽墩的禮物，將其拖進城內。入夜，埋伏的希臘人走出木馬，為留在城外的（希臘）軍隊打開城門；特洛伊就這樣在火海中滅亡了。

貴族社會

荷馬在聽眾（小亞細亞＊西側諸城市裡的富戶）面前吟唱自己莊園裡貴族們的功績。國王是地主中最富裕的人，但並無行政能力，他需在重臣們的配合下進行統治，而後者自己也點綴有國王頭銜。

　　他們都靠自己的領地為生，財產可根據擁有的畜群計算。所有人都奉行同一生活方式。他們大多是富有戰爭經驗的獵手和戰士；這種戰爭是透過部落間的劫掠和海上搶劫進行的。他們也是競技者，能夠披掛貴族戰士的沈重裝備，參加最艱巨、激烈的體育比賽。他們贊成相同的道德準則：好客、食量大、節日期間十分善飲、喜歡聽吟唱詩人就著豎琴節拍朗誦他們的詩歌。他們自己也擅長詩歌，而且許多人還是音樂家。

吟唱詩人就是「演唱者」詩人，他背誦記憶中的作品，同時演奏豎琴或齊特拉琴。吟遊者也是吟唱詩人，他善於把不同詩歌匯集起來並圍繞一個獨特主題組成新作品。吟遊者是指「那種拼湊、並在拼湊中加以整理的人」。

希臘世界的曙光

莊嚴的國王

在兩至三個世紀的時間裡，希臘分裂為許多小王國。每個王國皆有一位國王，他是最有權勢的氏族族長。人們說他是「宙斯的弟子」（宙斯是眾神之首）。他總是在戰爭中或集會上穿著紅袍。人們從城邦公有財產中撥出一塊領地加在他原有的地產上。戰爭中分配戰利品時，他有權獲得其他國王配額的兩倍。除了作為戰時首領，他在和平時期是最高法官。他在城邦裡擔任大祭司的角色，透過固定的祭禮維繫城邦與諸神間的和睦。

國王還是小國國王？

在《伊里亞德》中，亞格曼儂似乎是希臘諸國王之首。然而在首領集會上，他的決定可以被其他國王激烈地反對；有時，一批普通士兵的抱怨也會迫使他放棄某個主張。在此情況下，那些方圓僅數百平方公里的小國之君又能如何呢？

他會遭到其他同是氏族首領的國王的反對，因為與他們結盟並不是他個人的意志所為。他雖是大仲裁者，然而每個氏族亦可自己仲裁自己的事情。既無財政手段、又無軍隊和行政人員，那該如何有效地管理呢？國王在財物和人員方面擁有他本氏族的資源。他至多還能得到數十名出身於其他氏族的青

希臘社會很早就組織成社團了。最重要的基本單位是吉諾斯（複數為吉納）；這是個希臘詞，人們把它譯為「氏族」，是由同一祖先的所有人組成。吉諾斯的首領是貴族，他經營土地和畜群並獲取最大份額的收入。他也在吉諾斯成員間主持公道。他對所有人提出擔保並與之利害一致以交換本氏族所有人在戰爭中或城邦集會中對他的支持。

20

希臘世界的曙光

年貴族的支持，這些人以青年侍從或騎士侍從的身份在國王身邊學習軍事和政治。

貴族城邦

漸漸地，國王這種唯一卻又受到爭議的首領作用被抹去了。各氏族首領們的權威取代了他的權威；這些氏族首領自立為王，不再實行集體管理。

公元前八世紀，所有城邦均受一個獨霸軍事力量的社會等級統治。依靠各個氏族的資源，貴族們可以擁有昂貴的武器：頭盔、金屬護胸甲、沈重的盾牌，尤其是戰車和馬匹。只有貴族有閒暇時間參加政治集會和審判。那時的貴族無一親自勞動；而尤里西斯那時卻懂得耕田。從此，氏族首領從其游手好閒中獲取榮譽；只有戰爭和公眾事務可以使他們忙碌。

迪比隆的器皿

自公元前11世紀，畫在器皿上的裝飾開始傾向於採用幾何圖形。雅典西北迪比隆公墓中發現的骨灰甕便是這種「幾何圖案*」陶瓷製品中最漂亮的一個。豎立在貴族墳墓上的這些甕上繪有葬禮及戰爭場面。

城邦的起源

城邦的特徵並不只是領土狹小而已。自邁錫尼時代起，希臘人便生活在數百個小國之中，但在公元前十至八世紀起了變化。這些國家的管理權落入了居住於此的所有或部分人手中，國王掌握的權力實質上受到限制。在一個代表該國居民權利的群體面前，國王的權利不免失去了作用。

21

出征時，貴族身後跟著由氏族中男人組成的步兵。他們是粗略武裝起來的窮人。首領的傲慢清楚地反映在對他們的稱呼中：「拿短粗木棍的人」、或是「泥腿子」。

希臘世界的曙光

我們列舉幾個數據：斯巴達城邦幅員為8500平方公里，對希臘人來說這是個很大的地方。算得上是個大城邦的雅典，面積不過2650平方公里（小於羅納省）。科林斯佔地880平方公里，則為一個中等城邦。至於面積為8500平方公里的克里特，則被瓜分為一百個城邦。

這種形式的新組織可能是誕生在小亞細亞*的希臘。這些在兩、三個世紀中蜂湧前來的移民與其說是形成了一個有組織的集團，不如說是一群嘈雜的人群。為了抵抗福萊吉亞人*或利底亞人的威脅，城邦及強大的凝聚力因運而生。

城邦的面貌

在一片不大甚至狹小的領土上，希臘城邦由兩部份構成：散落著村莊的鄉間和一個城邦居民處理公共事務的中心城市。人們在這裡可以看到供奉重要神明的廟宇、設有法庭的簡陋建築物以及可作市集及舉行政治集會的空地（廣場）。

城邦才是所有「公民」真正的祖國。人人都尊敬城邦的保護神（雅典的雅典娜、阿哥斯的赫拉等等）。人人都致力於這個團體的團結一致，因絕大多數公民均實際參與公共事務，所以這種團體格外堅強，尤其是各城邦公民的愛國主義。各城邦處於經常的你爭我奪中，最常見的解決方式便是戰爭。比奧提亞平原的地貌是相同的，沒有任何地理原因可以解釋為何有四個城邦出現在平原上，更不能解釋它們之間為何爭戰不休。這些事都發生了，而且底比斯與其鄰邦奧爾科麥納之間的戰爭簡直無法計數。

被譯為「城邦」的希臘詞「波利斯」表示一個政治實體；而被譯為「城市」的希臘詞「阿斯杜」則表示一種地理存在。雅典這個詞代表了雙重事實：「波利斯」的雅典國家以及聚集在雅典古衛城周圍的中心城市「阿斯杜」。雅典港口的比雷埃夫斯如今已變成一座重要城市（「阿斯杜」）。在當初，比雷埃夫斯的居民與雅典城本身的居民一樣，都屬於同一城邦（「波利斯」）。

22

希臘世界的曙光

貴族城邦

在其決定性的形成時期，集團佔了重要的角色。首先是這些集團，如吉納（或者說氏族）以及把吉納集中起來的胞族（「兄弟會」）。這些集團的首領，主要是那些氏族的貴族首領，因此發揮了他們的優勢，尤其因為他們擁有財產、掌握知識，並懂得使用兵器。

蘭杜斯衛城
（羅得島）

只要地勢許可，城邦通常會圍繞著山崗來修築中心城市。山崗上築有神廟及用於公共生活的某些建築物。這個設防的山崗就成了「衛城」，即神廟、財寶及一切躲避於此的人均得到保護的城堡。雅典衛城是此類結構中最著名的例子，其他許多城邦也採用這種結構。

希臘世界的曙光

23

文明的創立

貴族城邦時代

危機和發展

希臘人與其神明

貴族城邦時代

為何離開？

自公元前八世紀起三百年的時間裡，一些希臘人離開自己的城邦冒險遠航並定居於異國。

希臘人以「缺乏土地」來解釋這種冒險。確實，城邦中可耕地不多。居民稍一增加便會引起大麻煩，尤其貴族們不斷施加壓力以奪取小農的土地。那些無計可施必須在貧困與遠居他鄉之間進行選擇的人及冒險家——特別是貴族家庭中在其長兄（氏族首領）的專權下注定要默默無聞地生活的非長子只好出走。

移民地

希臘本土的城邦派出了一批最早的遠距離探險者：他們前往北愛琴海的色雷斯沿海地區，也向西去義大利南部及西西里。公元前751年，卡爾西斯在庫梅斯建立了第一個移民地，一個世紀內便建了數十個移民地：公元前733年的錫拉庫扎、公元前706年的塔蘭托等等。起初，兩、三百個移民以土牆作圍搭起他們的窩棚；一、兩代以後，移民地擴大了，先前的移民成了其他移民地的創辦者：例如錫巴里斯在公元前700年創立了波斯托姆。

一片希臘移民地一經建立，便成為獨立的城邦。移民們與其原先的城邦（他們的「宗主國」）保持著特殊關係，他們依然說原來的方言，敬奉相同的神明，也向原來的城邦購買陶瓷器、工具和織物，因為小小的農民社團還不能生產這一切。然而移民地與原先的城邦毫無政治從屬關係。

各個城邦進行自己的對外移民：「宗主城邦」間無任何協調。然而每次移民前，宗主城邦要向德爾菲神殿的阿波羅神像徵詢神諭及神的旨意。神殿祭司們似乎根據神明的答覆來決定該往何處移民。

26

文明的創立

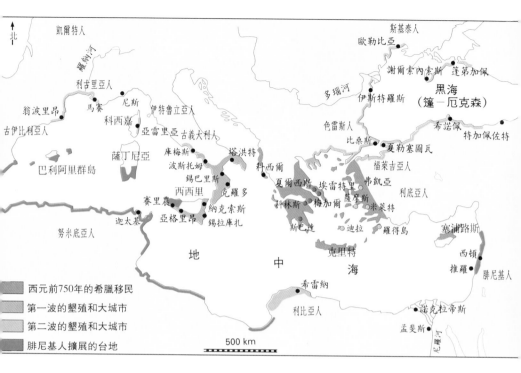

北

凱爾特人

羅納河

利古里亞人

翁波里昂   馬賽   尼斯
                科西嘉   伊特魯立亞人
古伊比利亞人   亞雷里亞   古義大利人
        薩丁尼亞   庫梅斯   塔洪特
                波塞托姆   科西爾
巴利阿里群島   錫巴里斯
            西西里   克羅多   夏爾西斯
        賽里農   納克索斯   科林斯   梅加爾
    迦太基   亞格里昂   錫拉庫扎   斯巴達
努米底亞人   迪拉   羅得島

斯基泰人
    歐勒比亞
        謝爾索內索斯   蓬第加佩
多瑙河   黑海
    伊斯特羅斯   （蓬—厄克森）
色雷斯人   希諾佩
    比桑斯   特加佩佐特
        夏勒塞圖瓦
        福萊吉亞人
    埃雷特里   弗凱亞
    薩摩斯   米萊特   利底亞人
            塞浦路斯
                西頓
            推羅   腓尼基人

地   中   海

克里特

希雷納

利比亞人

諾克拉帝斯

孟斐斯

尼羅河

500 km

■ 西元前750年的希臘移民
■ 第一波的墾殖和大城市
■ 第二波的墾殖和大城市
■ 腓尼基人擴展的台地

公元前700年以後的第二次浪潮

尋找土地的移民們仍不斷離開：公元前631年，迪拉在非洲建立了錫萊納移民地。部分薩索斯島和色雷斯沿海地區已被佔領。然而，如果說這一新時期的特徵是建立了一系列有戰略意義的移民地（公元前660年，梅加拉為控制黑海通道建立了比桑斯），更重要的特徵卻是小亞細亞*諸希臘城市所起的變化，它們建立了許多國外商行：弗凱亞人在馬賽定居了下來（公元前約600年）；米萊特城邦在黑海（古代名「蓬—厄克森*」）沿岸創建了90個移民地和商行；如此，小麥、木材、金屬以及奴隸就能從南俄羅斯運往希臘所有的城邦。

「如同水塘周圍的青蛙」

希臘人自己就是這樣描繪他們在地中海周圍的大批移民地。正如我們看到的，這些移民地建在對手腓尼基人尚未控制的海岸邊。這些移民，也傳播了它所使用的語言、貿易和文字並擴展了整個希臘世界。

27

文明的創立

更高明的技術

移民刺激了希臘世界。為滿足這些新城邦的需求，就需要更多的生產；而原料和新產品也從新城邦流向了希臘。

公元前 770 年後，金屬生產擴大了；採礦和高爐鼓風技術的提高為鐵*交貨量的增加提供了解釋。常用工具也改進了：帶有鐵*鏵的擺杆步犁*提高了耕地質量，收成也就隨之增加。來自西方的錫重新啟動了青銅*生產。

雖然只有些小規模工場，但大都市對殖民地城邦固定出口的保證，從而刺激了生產。彩陶手工業以及金屬武器、工具和其他日用品的生產充斥著地中海世界。來自希臘的油、香料和酒暢銷於蠻族人之間。

豪華的陶瓷器

科林斯和羅得島除生產用來裝運酒、油及小麥的實用器皿外，還生產高質量、飾有繪畫，被稱為「東方化*」風格的器皿，其中最小型的是作存放香油之用。

青銅器製造者的藝術

在勃艮第地區維克斯的一座高盧王妃的墳墓中，發現了一只高 1.50 公尺，容量一千升的青銅*器皿。這只公元前約 530 年生產於義大利南部的器皿，上部檐壁*飾有戰士，同時還有雕刻的把手。

文明的創立

腓尼基文	古希臘文	拉丁文		腓尼基文	古希臘文	拉丁文
∢	A	A		‡	Ξ	X
ϟ	B	B		O	O	O
ʌ	Γ	G		ʔ	Π	P
△	△	D		ʚ		
∃	E	E		Ρ Φ		
Y	Y			9	Ρ	R
I	Z	Z		W	Σ	S
ᗑ	H	H		†	T	T
⊕	⊖				Υ	U
𝄢	I	I			Φ	F
K	K	C			X	Q
ᒣ	Λ	L			Ψ	
M	M	L M			Ω	
ͷ	N	N				

希臘字母表

希臘人自公元前九世紀末就認識腓尼基字母表。但又過了好幾代後才把它變得便於使用。腓尼基人事實上只標出子音，因此必須利用在希臘語中無用的某些腓尼基字母來標出母音，同時創造某些新字母，如phi或psi。西方的希臘城邦傳授給拉丁人、伊特魯立亞人和高盧人的正是這套文字*。

交易的加速

多民潮誘使人們製造更大的船隻：除能運載百名左右的船員和乘客外，載貨量也更大了。

長期以來，人們只能用以物易物的方式交易。原始的貨幣還是存在的，只是太不方便：它們竟是成捆的一公尺多的鐵棒！公元前600年後，在埃吉納島軋製出了最初的金屬幣，為金、銀的合金。高質量貨幣的需求導致了金、銀採礦業的發展。

公元前750年以後，字母文字*的傳播使命令、信息的傳遞以及訂貨單、發貨單的交割得以進行。

29

文明的創立

划槳船

在許多世紀中，槳對於船的行駛始終是不可或缺的。甚至當帆已經很完善的時候，槳依然要為船隻提供增加航速以及操縱所需的助力。

文明的創立

正如「城邦的貴族」們所自稱的，「阿里斯托依」（希臘語中貴族[aristoï]的音譯）意為「最好的人」。而「卡柯依」（希臘語kakoï的音譯）即小民百姓，則是「壞人」。「貴族」和「貴族階級」這些字眼連同其動人的職位正是從這遙遠的時代流傳下來的。

強有力的貴族

國王消失了。這個頭銜只有當法官處理城邦內宗教事務時才使用。政權由大家族（吉納）的首領們行使，他們在自己圈內選擇幾名法官進行暫時的統治和管理：這些法官在斯巴達被稱為「監察官」， 在雅典則稱作「執政官」。受大家族首領會議的監督。

這些貴族是富翁，佔有廣闊的領地，還有那些無力還債的小農的土地。他們控制城邦的法庭；因此，判決並不公平，而且往往是被收買的。詩人海希歐德稱他們為「吃祭品者」。

窮人的報復

海希歐德本人是農民、是自己領地的主人。他和其他人一起代表了一個新的群體，即自耕農集團；這些人往往是自己土地的開墾者，以自身的艱苦勞動免除了負債，而負債往往意味著或因收成不好、或因耕地太少而成為貴族家庭的附庸。

移民運動帶來的變化改變了他們的處境。最窮的人們在工場裡或在需要划槳手的大船上找到了工作。人們生產出更多的金屬，而且價格便宜：自耕農和獨立的工匠因此買得起步兵的新裝備。當這些人累積到了相當的數量並學會演習步兵方陣時，貴族們就不再是城邦中唯一的戰士了。也就是說，他們喪失了政治特權。

*海*希歐德公元前七世紀末生於比奧提亞，曾是農民和詩人。其《神譜》是第一部提供我們關於結構嚴密的希臘神話世界景象的著作。《農作與日子》則描繪了小農集團的生活場景。

重武裝步兵的出現

公元前八世紀和七世紀，新的軍事裝備造就了新型士兵——重武裝步兵（「武裝的人」）。這是有青銅盔甲保護並配有長矛和劍的武裝步兵。盾引起了最根本的變化，這種盾用兩個栓扣繫在左臂上。士兵們肩並著肩、盾挨著盾進行戰鬥，形成一道難以通過的防線。

31

文明的創立

危機和發展

公元前七世紀的危機

奴隸(尤其是購自市場的奴隸)的數量日增使所有城邦都陷入了嚴重混亂。他們帶來的競爭不僅使小手工業者破產,也使農民無法生存,還負了債;於是佃農身份的人多了起來,因為貴族迫使先前的自耕農和吉納中最貧窮的人淪入此等地位。

他們要把收成的六分之五交給地主,所有的人都債臺高築,生活比奴隸還差。當然也存在某種為城邦提供重武裝步兵的中產階級。然而這些還算獨立的農民以及尚有活力的工匠根本無法與佔據法庭和公職的貴族抗衡。除內戰外,似乎已經沒有別的法子了。

青年雕像

"Kouros"意為「青年男子」。 公元前七世紀末起,諸如此類作為祭品、放置在廟宇或豎立於墳墓上的雕像多了起來。這些雕像的正面姿勢和千篇一律的動作清楚地反映出埃及的影響。不過一個世紀,雕塑家們表現的手法愈來愈合乎解剖學了。

立法者

衝突使希臘城邦血流成河,於是,精疲力盡的各派同意把問題交由某些受尊敬的人——立法者——的智慧來處理。這些人不是革命者,他們制訂法律結束了貴族特權。之前的法律是口頭的,因此只能聽任法官和貴族予以解釋。為了結束貴族間的仇殺,立法者禁止吉納審判有關兇殺的案例。凡不尊重立法者的人要被判以重刑,這樣,改革便得到了保障。(公元前約625-620年間的)雅典立法

文明的創立

者德拉古的名字後來還演變為「嚴峻、苛刻」的形容詞。

僭主

雖然貴族的地位動搖了,但仍保留著經濟權,新的暴力行為亦不可避免。處於瓦解邊緣的城邦只得聽任某些特殊人物 —— 僭主 —— 的支配。

僭主藉暴力取得政權,擁有自己的衛士、要塞。他們流放或處決與其為敵的貴族,並沒收其財產。掠奪使他們致富,不過他們也向最窮的人饋贈並藉此重新分配自己的財富。重大的工程、引人注目的民間或宗教節日給城邦帶來了活力。他們往往推行征服政策,划槳手和士兵們因此從中致富。他們引導希臘農業生產油和酒這兩種用以廉價出口的食品。僭主總是那些個性很強、喜歡風險的冒險家。

公元前528-522年間,波利克拉特把薩摩斯島變成了一個海上強國。他在島上修建了良港並蓋起赫拉女神廟,因而使該島擁有了希臘最漂亮的建築物之一。在西西奧納,奧爾薩戈拉斯及其後人在公元前655-650年間創立了一個民主平等的國家。而雅典則在庇西特拉圖僭主統治下繁榮了起來。

貨幣

貨幣的使用促進了商業發展,同時也造成了希臘城邦生活的動盪。圖中可看到一枚埃吉納島的銀幣,上面軋製有一隻烏龜;這枚在希臘發現的銀幣是約公元前六百年製成,歐洲最早的貨幣。其單位名稱為「德拉克馬」,重量是恒定的6.28公克。

在古典時代(公元前五至四世紀),傳說以前曾有「七賢」聚會於德爾菲神殿或克雷修斯國王的宮中商議希臘事務並切磋學問。這純粹是神話。但「七賢」本身卻都是真實的歷史人物;不過奇怪的是希臘人把四位立法者和一位僭主歸入了這些特殊人物之列。

文明的創立

斯巴達，別具一格的城邦

戰爭中的斯巴達人

斯巴達的重武裝步兵根據笛聲以有節奏的步伐衝向敵人。他們的戰鬥藝術很簡單：組成一道無法穿越的防線，並以持續的壓力迫使敵人後退。他們從小接受訓練，而且在20-60歲期間每天進行艱苦操練；斯巴達的重武裝步兵是職業兵士，無人能敵。

公元前十一至十世紀，多利安人征服了拉和尼亞，在此建立了一個新城——斯巴達。許多被征服者淪落到近乎奴隸的境地。為確保由公民（其中有些人是征服者的後裔）組成的小團體的統治，斯巴達城邦建立了；被統治者的人數要遠遠多於前者，但卻被剝奪了一切政治權利（這些人稱為「庇里阿西人」，即邊區居民之意），甚至個人權利（這些人稱為「希洛人」，即國有奴隸）。

文明的創立

老師們只教導斯巴達年輕人基礎的閱讀能力。年輕人要學習說得少，並以堅決而明確的方式說最簡略的話語。希臘人創造了「簡潔」這個詞語，並且流傳下來。

這一組織機構的運作在征服麥西尼亞（公元前740-720年間）之前是比較平穩的。麥西尼亞被征服後，其居民也淪落為「希洛人」。他們起來造反，這便是公元前650-62年間的第二次麥西尼亞戰爭，斯巴達在起義者的打擊下幾乎滅亡。最後靠著動員的力量和非凡的紀律才得以保全。

一個兵營城邦

斯巴達再也沒從這次危機中振作起來。直至公元前約六百年，正如所有希臘城邦一樣，斯巴達有了自己的藝術家、陶瓷製造者和雕塑家。由於禮遇音樂家和詩人，斯巴達甚至成了古希臘的音樂之都。

公元前六百年後，它所有的公民都成了士兵。希臘人把這一變化歸因於利古爾格法令；利古爾格是公元前九世紀人，還可能是神話中的人物。相反的，對公元前600-550年間的深刻改革起了重大作用的科倫則確有其人。經他改造過的城邦在他死後又存在了幾個世紀。

因此，八千至一萬名武裝的公民統治著數量超過他們十倍的下屬：庇里阿西人（可被征召入伍）和希洛人。後者支撐著每個公民的鄉間領地，其身份有點像佃農。但沒有任何東西保護他們：他們沒有任何勢力和權利，公民可隨意處死一名希洛人。斯巴達是個極權國家；在這裡，從小開始的軍事訓練使公民成了希臘最優秀的士兵，但斯巴達卻始終生活在希洛人造反的困擾之中。

從理論上說，公民們是「平等的」，實際上則有一些大家族掌握著實權。這些大家族集會組建「資深者會議」，由該會議任命控制一切公眾生活的「監察官」，尤其是擔任祭司和軍事首領職責的兩名國王。

斯巴達年輕女子

希臘人對斯巴達女子的放肆始終感到驚愕。因為丈夫經常出外打仗或待在兵營，女子便成了家庭生活的主人。年輕女子也要接受體育訓練。那些對此反感的希臘人便稱她們是「露出大腿的人」。

雖然希臘人很少虐待奴隸，但他們仍是主人的財產，沒有任何權利。雖然如此，他們的命運比希洛人好多了，因為希洛人沒有任何力量可以抵禦暴力。希洛人也經常被叫去斯巴達軍隊效力，表現英勇的人可以變為公民。在其他城邦中，此類事只有在特殊情況下才會落到奴隸頭上，因為奴隸永遠是不自由的。

文明的創立

科林斯人居住於連結伯羅奔尼撒半島與希臘大陸的地峽區，擁有兩個港口，一個在科林斯灣，另一個在薩羅尼克灣。他們修築了一條供四輪運貨車行駛的石板路，把船隻放在車上裝運。這樣，船隻就不必費八至十天時間繞著伯羅奔尼撒半島航行了。

科林斯

科林斯起初臣服於阿哥斯，後來於公元前八世紀獨立，它是最早從事海上冒險的城邦之一。公元前733年，其移民建立了錫拉庫扎，經一面改進船隻，一面不斷革新；它率先建造了「三層槳戰船」（公元前約600年）。科林斯的幸運在於它是由一個贏得農民和工匠支持的溫和貴族家庭——巴希亞德統治的。

至公元前約 650 年，幾名僭主如西普塞洛斯和他的兒子帕立安得（公元前 590–560年）承繼前者進行統治。他們佔領了通往義大利的海路要衝科孚島，還在色雷斯建立了波迪德移民地，為科林斯提供木材、金屬和奴隸。公元前七至六世紀，科林斯是希臘最富庶的城邦。雅典的興起妨礙了它的經濟及海上優勢。

供陶瓷工匠用的粘土

在整個希臘世界，科林斯陶瓷器的成就使人敬服。它以高質量粘土的供應作為大量生產的基礎；此種粘土是礦工們在僅能以油燈照明的深邃坑道中採挖出來的。

文明的創立

米萊特

米萊特是小亞細亞西側最大最美的希臘城市，以其居民的富庶和講究生活聞名於世。作為黑海沿岸希臘商行和移民地的創建者，它為所有希臘人打開了供應大量糧食、木材和金屬產地的大門。

在公元前約五百年時的鼎盛時期，該城約有七萬居民。然而，利底亞諸國王越是巧妙地對待已變成附庸的亞洲各希臘城邦，波斯諸國王便越是強迫這些城邦接受其嚴密的控制。後來米萊特與小亞細亞其他城邦一道起來反抗。波斯王大流士便圍攻米萊特，公元前494年將其攻佔並摧毀。

錫拉庫扎

科林斯移民在奧爾底齊島建立了他們第一個居住地，隨之又轉向西西里，在一個世紀內他們從西古里斯人（西西里居民）手中奪得大片領土。

錫拉庫扎的財富、漂亮的建築物及城邦和城市本身的規模（錫拉庫扎的城牆周長達32公里）令希臘人吃驚。它的暴力行為也令人吃驚：內戰中大地主與窮人們相互殘殺，陷於奴隸境地的土著試圖報復其征服者。公元前五世紀，錫拉庫扎還贏得另一個榮譽頭銜：對抗迦太基人和伊特魯立亞人的「大希臘」保衛者。

開天闢地的英雄

任何一個希臘社團，如吉諾斯、胞族、部落或城邦，都敬奉一位創建本社團並賦予其名稱的神化人物。當斯巴達人於公元前706年建立塔蘭托（塔拉斯）以後，他們就創造了塔拉斯這個英雄人物的神話，並加以頂禮膜拜。他們說他是騎著一隻在海難中救了他的海豚到此地上岸的。

阿萊修斯和海豚

37

錫拉庫扎人通過鑄幣表達對阿萊修斯仙女*的敬意。這位水神使奧爾底齊島上的泉水源源湧出地面；第一批移民便以此解渴。

文明的創立

希臘人與其神明

眾多的神明

公元前700-600年間,正如荷馬和海希歐德的詩所表明的,希臘人信仰的主要部分已經形成了。他們是「多神論者」(他們敬奉「許多神明」);而這些神明無論精神上還是外形上都有人類的影子(希臘宗教是「神人同形的」)。

所有的主要神明起源都很複雜,這就為它們矛盾的性格提供了解釋。例如雅典娜(它的神曾是鳥)便又好戰、又溫和;既是戰鬥女神,也是智力活動女神。它身上融合了兩種傳統:被原始希臘人敬奉的戰爭女神傳統和城邦活動保護神的傳統——她便是這樣為克里特人及愛琴海諸民族所敬奉的。

雅典娜的誕生

神明們的誕生、它們之間的關係、及其各自漫長的歷史是眾多故事描述的對象;這些故事的總和構成了「神話學」。最著名的神話之一便是雅典娜女神的誕生:它是全付武裝地從宙斯腦袋中誕生的。鐵神赫發斯特斯用一把斧頭劈開眾神之首宙斯的腦袋,在奧林帕斯諸神一片驚慌中把雅典娜釋放了出來。

38

文明的創立

宙斯的統治

在荷馬的作品中，諸神皆是被激情驅使的主宰者；在特洛伊城前，它們與希臘諸國王間的區別只在於擁有無窮的威力而且是不死的。但在海希歐德的作品中，人們看到一個有序的神明社會，宙斯是世界主宰和公正的擔保人，居住在奧林帕斯山*之巔，在希臘人想像中，它戴著王冠，周圍簇擁著最主要的神明——奧林帕斯山的十二個神明。

然而，希臘人對其神明的看法並不一致；他們不贊成一種劃一的信條，敬奉的神明也不止十二、三個，而且在同一名字下，一個大神可以呈現出許多不同的面貌：阿哥斯和薩摩斯都敬奉赫拉女神，但它在兩地的形象並不相同。

奧林帕斯諸神，一個大家庭

希臘人最後把奧林帕斯山*主要神明的數目定為十二個：諸神主宰宙斯及它的妻子赫拉（家庭保護人）；宙斯的兩個兄弟：海神波賽墩和幽冥神海地士；宙斯的雙生子女：協調的阿波羅和女獵神阿蒂密絲；智慧女神雅典娜；戰神，嚴屬的阿瑞士；愛情女神阿芙柔黛蒂和它的丈夫，瘸腿的鐵神赫發斯特斯；酒和醉神戴歐尼修斯；司商業、旅行及小偷的神明荷米斯。左側圖示的這個優美的青銅雕像，究竟是代表宙斯在投射雷電呢？還是揮舞著三叉戟的波賽墩在掀起風暴呢？

「潘提翁」這個詞由兩個希臘字組成，表「眾神居住的地方（房屋）」。因此，「潘提翁」意味著多神教中所有神明的集合體。它也是一座廟宇：人們在這裡同時敬奉所有神明；或者指集中國內偉人墳墓的建築物。

文明的創立

赫克力斯和他的功績

奉表兄厄里塞之命，赫克力斯需完成十二件「工作」（此處作功績解）。如，抓獲了看守冥府*入口處的三頭犬，並把犬帶到厄里塞跟前；使他嚇得躲進一只甕中。

英雄崇拜

希臘人崇拜「英雄」， 即那些半人半神的人物；他們傳說中的功績抒解了人類的痛苦，例如那些殺死妖魔的人：戰勝了（怪物）米諾托*的德塞，或是把戈爾戈納斬首的佩爾塞。其中最受崇拜的是宙斯與人間女子所生的兒子赫克利斯，他在奧林匹斯諸神中佔有一席之地。

普羅米修斯把火給予人類以幫助他們。宙斯卻因人類獲得了新的能力而震怒，下令將普羅米修斯用鐵鏈鎖在高加索山上，一隻鷹不斷啄食他再生的肝臟。宙斯又給了人類潘朵拉這個過於好奇的女人，她打開了那只包藏一切禍害的盒子，從此禍害便在世界上蔓延並永遠折磨著人類。

樂於助人的神明

希臘人也從令人快慰的神明那裡尋找安慰。對戴歐尼修斯的崇拜很早就為人所知了。酒神（亦即醉神）看到它的信徒們沉湎於喧鬧的典禮之中。女人們、酒神節的女祭司*們瘋狂入迷地跳著舞。雅典附近的西斯神殿把戴歐尼修斯與司掌植物生長和穀物收成的女神狄蜜特和科雷組合在一起，昭示了不斷更新的生活。

40

文明的創立

奧林匹亞的宙斯雕像

由雅典人菲迪亞斯完成的宙斯雕像被認為是世界七大奇蹟之一。傳說,凡見過這座雕像的人便不可能擁有完全不幸的命運。這是一座「金和象牙製的雕像」,與菲迪亞斯為帕德嫩神廟所作的雅典娜雕像一樣。雕塑家把金製及象牙製的鑲板鑲嵌在木製框架上;其中象牙鑲板用於神明身上的明顯部位。

文明的創立

獻祭的姿勢

所有男子皆可奉獻祭品並宰殺一隻要奉獻的牲口。如牲口較大，像這隻小豬，那最好求助一個熟悉祭禮姿勢和用語的職業祭司。他還知道分割祭品，將一部分用以焚燒獻祭，另一部分煮後享用。

城邦中的祭禮

每個希臘城邦皆有由公民集體修建的大廟和神殿。行政官員們的首要職責是舉行定期的祭禮*維繫與諸神間的和睦，其中最主要的祭禮是獻給本城邦的保護神，例如雅典娜之於雅典、阿蒂密斯之於埃費斯……另一雖不甚壯觀但同樣必需的儀式是聖火的維持，聖火永遠在城邦中心部位一座稱為「普里達奈」（作賓館或會堂用的場所）的建築物內燃燒。

行政官員確保了公民祭禮的所有活動，但只有祭司或祈禱用語專家這類技術人員參與其事。最重要的祭禮活動是在建於廟門外的祭壇上奉獻一隻或數隻牲口；通常，牲口身體的一部分要焚燒以獻給神明，剩餘部分則由在場人員分享。

家庭中的祭禮

城邦有「普里達奈」；每個家庭則有火爐，在那裡維持著不滅的火，代表了家庭守護神赫絲西亞女神。每天早晨，家長要在它面前說幾句禱文、奉獻幾滴奶或酒以及幾片麵包或肉。若家中有新生的孩子也要向火爐介紹。婚喪禮儀中的某些儀式也要在火爐前完成。

日常生活中，人們更常求助於保護住所、田地或工場的小雕像和護身符，而非奧林帕

42

文明的創立

從希臘世界的獻祭中，我們保留了「燔祭」（滅絕、根除之意）和「百牛大祭」（大屠宰之意）這些字眼。在「燔祭」中，奉獻的牲口要「完全焚燒」在祭壇上，在場的人得不到其中任何部分。「百牛大祭」是一種特殊祭獻，人們要同時奉獻「一百頭牛」。

喪禮

死者洗淨後穿上漂亮的
衣服躺在床上並置於火
爐跟前。鄰居、親戚、
朋友前來與死者告別；
同時，哭喪者也在幾名
專職人員帶領下嗚咽哭
泣並唱聖歌。隨後，遺
體被護送到墓地。人們
在死者嘴裡放一枚青銅
幣，讓他能支付查融的
船資；因在死者亡靈前
往冥府*前，需渡過守誓
河。遺體或被裹纏起來，
或被焚化；若被焚化，
人們只裹纏幾塊遺骨、
並將其放入甕中。墓上
放有澆祭及奉獻物，以
供死者在前往冥府的最
後一程中享用。

斯諸神。當農民敬奉荷米斯時，並不把它當
成管轄旅行者的神明，而是在田地範圍內保
護其畜群最起碼的神明。

43

文明的創立

德爾菲神廟：
阿波羅的榮光

人們經由一條神聖大道到達了阿波羅神廟（在露天劇場腳下，可看到神廟的地基，上面至今仍立有六根柱子）。這條大道兩側以前曾有許多小建築物：被稱為「寶庫」的小神殿，裡面裝滿了希臘各城邦的奉獻物；這些城邦彼此在比賽誰最慷慨。

祭司們傳播了節制與和諧之神阿波羅所啟示的一種道義上的教誨。這些德爾菲箴言中有兩句被保存了下來：「不要多餘的」；「認識你自己」；哲學家蘇格拉底在其教誨中複述了它們。

44

文明的創立

泛希臘主義

泛希臘主義（意味著「所有希臘人的聯盟」這個字眼特別用來表示一種惹人注目的宗教現象：使那些因激烈競爭鬧得四分五裂的城邦忘卻爭吵，一起參加在某些神殿舉行的宗教慶典。

德爾菲曾是希臘最著名的神諭*之地，阿波羅即在此降示旨意；不過人們也前往多多納求教宙斯的神諭：神以橡樹葉子的颯颯聲響表示意旨，神殿的祭司們則予以解釋。愛奧尼亞人則前往狄洛斯島敬奉阿波羅和阿爾密斯。為向醫神阿斯克萊皮奧斯請教痊癒之方，人們前往埃比多爾和科斯島。優秀運動員們為尋求體育上的成功，就去科林斯和尼米亞峽谷，尤其去奧林匹亞朝聖。

德爾菲和奧林匹亞

這是兩座真正泛希臘主義的神殿，所有城邦都在這裡得到了體現。德爾菲在希臘政治和精神生活中的份量舉足輕重。人們對阿波羅神諭*的重視使祭司們擁有巨大權威，不過他們並非始終能善用這種權威；米堤亞戰爭時，希臘面臨波斯入侵的威脅，神諭「總在談米堤亞人」；而在（公元前四世紀）馬其頓征服時期，神諭則「總是說腓力二世」。然而他們傳達的神諭及教誨始終是被恭敬地遵守。德爾菲還展示了競技比賽和音樂比賽的魅力；這些比賽是受手持豎琴的神明，九位繆斯的主宰 —— 阿波羅 —— 保護的。

　　奧林匹亞是所有希臘人大聚會的地方。各城邦把最優秀的競技者派到宙斯和赫拉神廟所在地參加比賽；自公元前776年起，這種比賽每四年就舉行一次，由「希臘人的仲裁者」負責；只要他們宣布全面休戰，一切戰爭或衝突均需停止。只有希臘人可聚會於此，也只有希臘人才可參加比賽。這是大眾的集會，人們前來觀賞競技者的成績，不過車賽始終是最壯觀的。競技者的獲勝會給他的城邦帶來榮譽；勝利者雖只得到一頂橄欖枝編成的桂冠，然而在奧林匹亞的勝利使他可隨之得到頗有收益的專業運動員合同。

德爾菲的女預言者

女預言者*，或者說女祭司在阿波羅神廟一間地下室裡舉行宗教儀式。她高高地坐在一個三腳支架上，出神地宣讀著神諭*。她的話語永遠是晦澀難懂的，於是，專家們便參與進來解釋她的話語。

在十多個世紀中，競技比賽項目幾乎是一成不變的：賽跑、跳高、跳遠、擲標槍、擲鐵餅；合稱為「五項比賽」。賽跑者往往會激起觀眾熱情。也有人熱衷於摔角和拳鬥（一種拳法）。

文明的創立

公元前六至
五世紀的雅典

日常生活

伯里克利世紀

公元前五世紀:
連綿不斷的戰爭

公元前六至五世紀的雅典

改革的世紀

雅典城邦的領土自公元前八世紀起就已形成。唯一的擴張是公元前六世紀從梅加拉手中兼併了薩拉米寧島。

因此,雅典未曾經歷斯巴達遇到的問題:在斯巴達,作為戰勝者的公民——士兵集團統治著淪為奴隸的其他大批希臘人。不過雅典也經歷過貴族(即那些「出身高貴者」)為建立自身權勢損害窮人利益所引起的衝突。

改革家梭倫

公元前 592 年,雅典執政官梭倫完備了德拉古的建設。為避免最壞的情況發生,他減輕佃農苦難、加強小農集團、取消債務奴隸、土地歸還佃農、減輕其債務。

貴族階級以前是政治生活和軍事生活的主宰。梭倫依據財產多寡把公民分為四等:每個公民應根據自身能力進行裝備從而為戰爭效力。行政官員從此在前兩個等級,即從貴族和致富的工匠中選拔。最後,司法權不再只屬於貴族家庭,部分案件由民眾法庭審理,由貴族家族首領組成的刑事法庭力量因此被削弱。

衛城中的少女雕像

雕塑家們在製作青年雕像(見 p.32)的同時,還製作了少女雕像安放於廟宇之中;它們有的呈奉獻祭品的姿態,有的呈祈禱姿態。雕像中的少女穿著愛奧尼亞女子的盛裝;臉上露出寧靜的微笑。

48

被稱為「古典」的時代

僭主庇西特拉圖

由於梭倫的改革，雅典社會避免了動亂和苦難。接著要做的是迫使貴族不去阻礙事物的新進展。僭主庇西特拉圖解決了此事；公元前 560 年他上台執政，後被推翻，又數次重新掌權，終於在公元前539至528年間穩操權柄。他沒收反對派的土地並將其分給小農，還創設了能迅速處理問題（甚至在村莊裡也是如此）的巡迴法官。失業者在雅典的大工地，如建有長一百法尺的神殿衛城上找到了工作。

他奪取了提諾斯島及其神殿，把一些雅典人安頓在控制黑海（簷一厄克森*）入口處的兩海峽*邊。雅典娜女神節和酒神節成了滿足雅典人自豪的盛大節日。

克利斯提尼

公元前 514 年，雅典最後一位僭主逃亡。公元前 510 年，克利斯提尼完成了他的改革。大、小氏族的政治作用消失；所有雅典公民都只是地區基層組織中的成員：在最基層有一百個區（相當於法國的市鎮），組成為十個地區部落*。每年從各地區部落選拔一名執政官（將軍）及五十名代表，從而形成（雅典城邦的）五百人會議；氏族和富豪不再受到敬重。

沉思的雅典娜

也有人說「憂鬱的雅典娜」。在雅典娜女神節的一次競技比賽中，雅典的保護神在賽跑起跑線的界標前沉思。頭盔和長矛使人想起了戰爭女神。簡潔的臉部線條及衣服皺褶的處理皆是公元前五世紀初「樸素風格」的特徵。

被稱為「古典」的時代

獲勝的重武裝步兵

在肉搏戰中，一名雅典士兵打倒了一名波斯士兵；後者是一名旗手，他在摔倒時丟掉了盾牌。人們可從其花花綠綠的服裝，尤其是長褲，認出這是個波斯人；米堤亞人*、波斯人、斯基泰人這些騎兵民族都是如此打扮。

50

被稱為「古典」
的時代

在希臘人眼裡，所有非希臘人皆是野蠻人。為何「野蠻」呢？因為他們不說希臘語；如果有人說另一種語言，(在希臘人看來) 那就不是說話，而是「嘟噥」。所有希臘人都能相互感覺到對方是希臘人，因為他們說同樣的語言，一種真正的語言，而且敬奉相同的神明。然而沒有任何人願意臣服。

為何發生米堤亞戰爭？

公元前499年，亞洲的希臘城邦起來反抗波斯人；這次起義以公元前494年米萊特被攻告終。不過之前四年，數千名雅典重武裝步兵和愛勒特利亞人曾在小亞細亞*發起一次襲擊，搶劫並焚燒波斯人在這裡的統治中心薩爾代斯。

大流士國王要對這一冒犯予以報復。因此，他針對這些傲慢而不安分的希臘人組織了一次征討及一次保安性行動 (而不是征服性行動)。然而，公元前490年夏季，在雅典附近馬拉松平原登陸的波斯遠征軍，被米饒西亞德率領的一萬名重武裝步兵趕到了海裡。就這樣，針對波斯人，或者說「米堤亞人*」的第一次「米堤亞」戰爭便結束了。

第二次米堤亞戰爭

有遠見的政治家們,如塞米斯托克爾,預見到戰爭將再次開打。因此,當人們在雅典附近的洛里翁發現銀礦後,這一財富就被用來建造一支由二百艘三層槳戰船組成的艦隊,並用以整治比雷埃夫斯港口。

波斯新國王薛西斯集結了數萬人馬和數百艘由其附庸腓尼基人武裝的戰船。波斯軍隊從色雷斯南下,沿途破壞了一切。多數希臘城邦決定投降,但斯巴達、雅典和埃維厄島除外。在希臘中部德摩比勒隘道*,李奧尼達和斯巴達重武裝步兵全軍覆沒;隨後,雅典又被攻佔和焚燒。然而(希臘)艦隊猶在。公元前480年9月,希臘艦隊在薩拉米灣殲滅了薛西斯的艦隊。次年,波斯軍隊在比奧提亞半島的布拉底被徹底擊敗。

雅典帝國

斯巴達退出戰爭。雅典乘勝把波斯人趕出愛琴海並解放小亞細亞西側的希臘城市。於是,它與愛琴海諸島及小亞細亞西側的各希臘城邦組成了一個以提諾斯島為中心的海上同盟。每個城邦都繳納經費或提供士兵和戰艦。公元前446年與波斯簽訂和約時,雅典已成為希臘世界最強的城邦,擁有自己的海上帝國。

雅典的貨幣

雅典採用一種與埃吉納島銀幣(見p.33)重量不同的貨幣。雅典的德拉克馬銀幣單位重量是4.36公克;貨幣被軋製為兩德拉克馬(4.36公克×2)或四德拉克馬(4.36公克×4);雅典貨幣成了當時國際貿易的工具。貨幣上軋製了一隻貓頭鷹(雅典娜的鳥);在贏得米堤亞戰爭的勝利後,貨幣上的鳥展開了雙翅。

51

被稱為「古典」
的時代

伯里克利

為公元前461-429年間雅典的主宰，但只獲得過行政官員的職權；他每年均被選為行政官員。公元前443-429年間，他是「十將軍委員會」成員（正因為這一職銜他才戴頭盔）；他以其才幹、正直及口才成為城邦中第一人。

貝殼放逐法

每年，公民們被召喚到政治集會廣場上投票確定一名可能對城邦有危險的公民；投票者把自己認為危險的人的姓名刻在一塊碎陶片（或貝殼）上。被認定有危險的人將被放逐十年。在圖中這塊貝殼上人們可讀到「利西馬高斯（的兒子）阿里斯蒂特」；但「阿里斯蒂特」一字的拼寫中多了一個字母S！

被稱為「古典」的時代

雅典民主政治

薩拉米戰役（公元前480年）後約四十年，由梭倫開始的——民主制度（即「人民有權」的制度）才獲得了成功。

在一片有限的領土上，城邦內所有公民都能前往中心城市討論公眾事務；所有人皆能參加政府，因為行政官員和公職人員是支領津貼的；所有人，甚至最窮的人都能在戰時為城邦效力，因為他們可靠軍餉過活。

議會和法庭

擁有主權的人民每年在公民大會聚會四十次。鑒於實際原因，只有部分公民得以與會，但到會者最少必需有六千人。公民們集中在普尼克斯山崗參加公民大會，藉著投票帶動整個城邦。因此，每年由抽籤產生、全年任職的五百名代表組成的會議必需以自己的選票批准公民大會的決定，他們代表了雅典政府的連續性。

司法本身也信賴人民：六千名抽籤選出且宣誓過的民眾組成民眾法庭，每數百名成員組成一個分庭（民眾法庭以各個分庭形式存在）；只有宗教性質的案件，尤其是一些血案才留於刑事法庭處理。

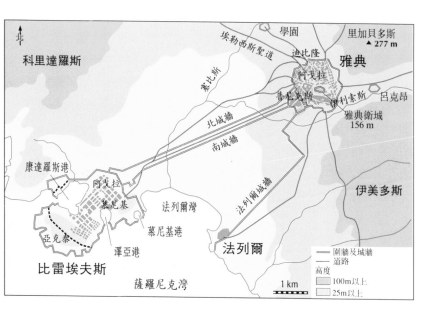

行政官員

人們用「行政官員」指正式擔任公職的人；現代國家則把公職託付於「公務員」。行政官員任期一年，由抽籤（如執政官）或選舉產生；負責軍事、航海及外交活動的十位將軍是選舉產生的。所有人離職時都要受到嚴格的甚至是多疑的檢查。

這便是此一政治制度的缺點。人民不信任能力很強的人。他們往往聽從煽動家（那些以奉承來「操縱人民」的人），從而損害富裕公民的利益（他們被迫承受沉重的財政負擔）；那些正直能幹的行政官員也因出身貴族而受憎恨。只有伯里克利卓越的品格才使這一制度得以運作。

雅典和比雷埃夫斯

在約三十萬居民中，有一半以上生活在中心城市雅典和比雷埃夫斯。為確保雅典海上行動的自由，塞米斯托克爾下令修建了連結兩個城市的連鎖城牆：長牆。

53

雅典城邦中有公民（12-15萬人）、自由但無政治權利的外邦人*（外國僑民）以及奴隸。政治活動只允許男性成年公民參加，公元前430年時，人數約有四萬人；因此，全部居民中只有15%的人真正參與民主生活。

被稱為「古典」的時代

宴會

這是節慶之夜男人們所用的宴席；席間大量飲酒，最富裕的人們還安排了樂師和舞女的演出；雅士們則熱烈地交談著。賓客們側臥於褥墊上，左臂依著靠墊盡情享用宴會的美食。

雅典城豪華的大理石建築不應使我們誤解。正如其他城市一樣，雅典街道並不整齊，或塵土飛揚、或滿是污泥，而且還有垃圾。城內只有一個大廣場：政治集會廣場，因只有一泓泉水，所以城內有引水渠供水，否則，雅典人就只能飲用井裡或蓄水池中不保險的水了。

房屋

古代城市起初是由磚胚（即未在窯內燒過、不太堅硬的磚頭）建造的房屋組成的，盜賊（「鑿牆洞的人」）很容易穿透。屋頂往往是稻草和蘆葦蓋的，瓦片則顯示了一定程度的富裕。

豪華的住宅將其附屬房屋分散在院子周圍，還建有上樓用的木梯子。但大多數建築物只有一層。傢俱相當簡陋：窮人睡在蓆上或睡在草墊上；豪華的住宅裡則有帆布床。還有幾件陶瓷器、幾只木箱、廚房用的爐子、支架、用以取暖的火盆；最富裕的家庭備有一些起居設施，如宴請客人時用的褥墊、掛在牆上的壁毯。彩繪牆壁和天花板則是極為奢侈的。

被稱為「古典」的時代

食物

所有人家的食物都是清淡的。肉很少見，酒用於宴會。日常食品主要是糧食（尤其是大麥）做的烘餅，配上乾菜做成的醬、幾個無花果和橄欖。希臘人吃魚，不過量可能不多；總體來說，這個社會的食品供應剛好滿足人的基本需要。

服裝和首飾

希臘人喜歡簡潔的服裝：一塊料子披在身上用搭扣一扣或稍稍一縫便是衣服。人們光腳走路或穿涼鞋。若衣服比別人乾淨、衣料比別人精美、所戴首飾或所用香料與眾不同，看起來便是風雅男子、風雅女士。不過街上走動的人群看起來則是千篇一律。

希臘人已經懂得日晷和漏壺（即水鐘）。漏壺用來計算演說家講話的時間，而不是確定一天廿四小時的時刻。至於日晷由於數量太少，因此人們也不可能靠它精確地確定一天中的時辰。於是，人們以「黑夜將盡」、「太陽昇起」、「集市開始」等作為約會的時間。

女性服裝

女士們有的穿無袖長衣：即披上一塊羊毛織物後，在肩部用扣子扣住，並在右側用腰帶封住開啟處；有的穿無袖袍：這是用輕柔織物縫製的衣服，人們用腰帶調節長度。這種愛奧尼亞式的服裝是緊裹身體的，女子外出去公共場所時外面還要罩一件大衣式的無袖外衣。

55

被稱為「古典」的時代

鐵匠舖

兩名工人在鐵砧上加工一根剛出爐的金屬杆。在馬路上東遊西逛的兩個人在邊上評論著。各種工具用釘子掛在牆上，還有一件衣服。兩名工人光著身子，像所有幹活的人一樣：屋裡很熱，而且幹嘛弄髒衣服呢？

雅典人的工作

半數居民生活在阿蒂卡半島鄉間的小鎮上。大部分土地由小農耕種；在一、兩名奴隸的協助下，生產一點糧食，尤其是大麥，不過更多的則是供出口的酒和油。再飼養幾隻山羊、綿羊和幾箱蜜蜂，農民們就可以維持生計了。

工匠集中於雅典和比雷埃夫斯。這裡有數百家小工場，主人和工人們在幾名奴隸的協助下勞作。若有工場例外雇用上百名奴隸，便是一家大企業。所有人，不管自由人還是非自由人，在工場裡和家裡都過著差不多的生活。那些在洛里翁銀鉛礦場中幹活的奴隸命運則十分悲慘；雅典經歷過的唯一一次奴隸起義便是礦工發起的。

奴隸們是不自由的，而且像物品和牲口一樣被買賣。他們是哪兒來的呢？戰俘、被搶劫一空的男女或是被父母賣掉的孩子都有可能。他們命運如何？在對機器尚一無所知的時代，他們幹最苦的活。雅典大致說來是善待奴隸的，只有洛里翁礦場例外。每年獲得解放的奴隸從未超過六十名。

56

被稱為「古典」的時代

作息時間表

希臘人待在家的時間不多。大多數的人因住所的擁擠和不適早早出門。家裡是婦女和孩子們的天地。富人家中便專門有一間或幾間屋子留給女人們：稱為女眷內室。

男人有田地或工場，公民大會或民眾法庭的會議也要參加。即使沒有城邦的盛大節日（雅典娜女神節共延續九天！），雅典人也自有不待在家裡也整天不幹活的理由。政治集會廣場有令人無法抗拒的吸引力：在懸鈴木樹蔭下、在幾百名小商人之間，這正是那些街頭游蕩者交談、閒逛的好去處。

古希臘的社會生活是某種形式的「男人俱樂部」。女子不參與政治活動，只在家裡過日子。如果她很有錢，她就根本不用走出女眷內宅，因為有奴隸幫她打點一切。但窮女子至少要去井邊或泉旁取水。所有家務勞動，尤其是用手磨機磨糧食，都落在女子身上。

耕作和播種

農民用兩頭牛拉的擺杆步犁*耕地（牛是特別租賃的耕畜，因為多數農民都只有一頭驢）。播種者從繫在腰間的筐取出種子撒播於田間。

57

被稱為「古典」
的時代

學校裡

這幅公元前五世紀初繪於一只高腳酒杯上的裝飾畫是雅典著名陶瓷製作者和畫家杜里斯的作品。人們在左側看到一名青少年在上音樂課；老師和學生都拿著一把齊特拉琴，這是一種底部用龜殼做的豎琴類樂器。另一名學生在背詩，老師則在一卷紙莎草*紙上讀這首詩的詩句。

人人要上學！

除斯巴達外，所有希臘城邦皆實行類似的教育制度。雅典的教育情況是我們最為了解的。

七歲以前，孩子待在家裡。富家子弟有保姆加以照料。滿七歲後，孩子要上學；學校是收費的，不過沒有任何希臘人（即使是窮人）因此被拒於門外。教讀寫的老師傳授閱讀和書寫，不過也教算術；「訓練孩子」的教師負責體育教學；彈奏齊特拉琴的人教音樂和合唱。

十三歲後，家境平常的孩子們就離開了學校。他們學會了閱讀、書寫和算術，熟記於心的荷馬和海希歐德的詩文成了他們終身教養的基礎，並會一直保持對合唱和體育訓練的興趣。

希臘人對待新生兒的冷酷使我們感到吃驚。在斯巴達，看起來虛弱無法成為優秀戰士的新生兒會被扔在坑裡。其他城邦也承認可能會拋棄不受歡迎的新生兒，而且這樣做並不會給家長帶來良心上的不安。拋棄一個孩子，就是把他放在十字路口；如果沒有富有同情心的人或是奴隸販子將其撿起餵養，他就會死在那裡。

58

被稱為「古典」的時代

學校裡

在杜里斯製作的酒杯的另一側，左面有一個學生跟著雙管笛聲在唱歌；中間，一位老師在批改站在他前面的學生所寫的文章：他拿著一個記事板（由兩塊木板連接而成，折合的一面塗有蠟，學生用尖刀在蠟上寫字）。牆上掛著各種物品：如齊特拉琴、還有一個裝紙莎草*紙卷的筐。

離開學校後

出身富裕家庭的青少年在13-18歲期間繼續接受教育。首先是學習音樂：一名老師負責教導多數學生演奏齊特拉琴。有些學生則學雄辯術，學習在公開場合講話的技巧——這在政治集會上十分有用；另一些人跟哲學家學習。然而所有學生每天都要去體育學校*或角力場*鍛鍊身體。同學中財產較少的人雖也去這些地方，不過較不頻繁。

　　滿18歲後，屬於騎士階級和重武裝步兵階級（自梭倫改革後，階級依據財產劃分）的青年人前去履行為期兩年、某種形式的兵役義務：即前往既學文化又學軍事的學校。屬於最後一個等級，即雇工階級的青年人則被召往艦隊充當划槳手。

上述兩幅照片的右側，人們可看到兩個拿著手杖的成年人，坐在一旁觀看上課。他們是身為奴隸的「教育者」，其職責是送孩子上學並領他們回家。小學教師和教育者這兩個字眼在當時還不是同義詞。

被稱為「古典」的時代

戲劇，宗教和國民的節日

戲劇因對酒神戴歐尼修斯的崇拜而產生。在敬奉神明的民間節日中，演唱者吟唱自己生活中的小插曲；扮演林神*者組成的喧鬧行列向人群說一些抨擊日常生活的粗俗玩笑。這類朗誦的內容被加以擴充和組織後，悲劇和喜劇便出現了。在雅典，三月間的酒神節是上演節目的時機。在三個長長的白晝，數千名雅典人擠在幾個臨時劇場的木頭階梯上聆聽二至三萬行詩句的背誦、觀看歌舞團跳舞、唱歌和朗誦。演出是免費觀賞的，演出所需的大筆開支由最富裕的公民來承擔。公元前五世紀，人們撰寫並上演了一千八百個劇目。

埃比多爾劇場

這是希臘劇場中保存最好的一個。階梯上共有一萬四千個觀眾席。中間有一個圓形地台，做為合唱隊活動的場地；地台中央則是戴歐尼修斯的祭台。兩幢建築物圍住了劇場，演員們在長而窄的平台上演出；平台後面也有一座長長的建築物，不過要來得更寬一點（通常是木板屋），它的作用如同今天舞台的後台。布景就掛在後台牆上。

60

被稱為「古典」的時代

喜劇合唱隊

隨著雙管笛聲，幾名騎士騎在由人扮演的馬上並變換著位置。公元前424年，亞里斯多芬尼寫了一部名為「騎士」的喜劇。然而這只器皿上的圖案卻繪製於一百年前：這證明假面舞劇是附加著最初的戲劇演出的。

戲劇演出

這是戲劇比賽。每個參賽者須演出三齣悲劇和一齣喜劇；第三天晚上宣布優勝者。每齣劇的結構都是相同的：兩名，後來則是由三名戴著面具的男子演出，朗誦戲文並與合唱隊對話。

在雅典發展出了戲劇創作的基本要素，由一個物質上和財政上都很完善的機構與一批卓有才幹（如果不說是天才的話）的作者聯手合作：

－愛斯奇里斯（公元前525–456年）將人神關係引發的大爭論搬上了舞台；

－梭佛克里斯（公元前495–406年）的傑作：悲劇《安蒂岡妮》，提出了個人責任的問題；

－幽里比德斯（公元前480–406年）描繪了人類的激情，並由此啟迪了拉辛。

喜劇也有不凡的大師：亞里斯多芬尼（公元前445–386年）。

富裕的公民要接受攤派（或叫「公務」）：人們或是強迫他建造或裝備一艘三層槳戰船，(所謂「戰船攤派」)；或是讓他招聘、供養排練一支戲劇合唱隊，(這叫「組織合唱隊的攤派」)。不少公民同時被迫承擔這些由千餘名成人及孩子組成的合唱團的費用。

61

被稱為「古典」
的時代

蘇格拉底和他的時代

蘇格拉底（公元前470-399年）把德爾菲的箴言（「你要認識自己」）變成了他自己的箴言，為關於人善良本性的科學研究樹立了典範。這位據說奇醜無比的哲學家是個完美無缺的公民。身為戰場上一個勇敢的重武裝步兵，他完全地服從城邦法律，堪為眾人模範。由於他的教育被認為敗壞了青年人的思想，因此被判處死刑，但他拒絕逃跑並喝下了劊子手給他的毒藥（毒芹）。

被稱為「古典」的時代

學者和哲學家

自公元前六世紀起，在大希臘和小亞細亞西側，畢達哥拉斯學派的學校裡就已發展起數學，小亞細亞西側米萊特的泰利斯（公元前600-560年）則創立了幾何學。科斯島的希波克拉底（公元前460-380年）把醫學變成了一門有系統的學科，使之能妥善地分析病情、明確診斷並開出適切的處方。

公元前五世紀以前，哲學家們（人們常稱他們為「蘇格拉底之前的哲學家*」）始終想對世界作出全面的解釋。在他們創立的體系中，阿伯地拉人德謨克利特（約公元前460-370年）的體系是較為特別的一種：他把世界看成是由無限小的物體——「原子」——所組成的；然而當時的科學根本無法證明這種假設。

新一代的思想家，詭辯派，拋棄了這些以前的思想建設。他們是關注功效的現實主義者，通常都聚集在雅典，為富家子弟收費授課，從而引起了墨守成規者的憤慨。他們的目的在於：藉著傳授說話的技巧（辯術）和推理能力（論證），使學生們得以在各種論戰（政治的或司法的）中獲勝。

善於運用這種方法的蘇格拉底（公元前470-399年）把哲學研究重新定位於個人道德的完善。繼他之後，他的弟子柏拉圖（公元前429-347年）這位學院派創始人及隨後的呂克昂學校創立者亞里斯多德把雅典變成了哲學思想的中心。在隨後好幾個世紀，直至羅馬帝國末期，雅典始終保持了這一地位

歷史學家和演說家

公元前五世紀，希臘產生一門新的學科——歷史學。和東方一樣，人們建立了編年史，即以往事件的一覽表。由於哈利卡納蘇人希羅多德（公元前484-425年）在其《歷史》（在這裡作「調查」解）中試圖解釋米堤亞戰爭的原因，使歷史學成了嘗試解釋以往的一種方法，也留下了波斯帝國及其行省的廣泛描述。繼他之後，雅典人修昔底德（公元前460-395年）分析了伯羅奔尼撒戰爭。他在他對那個時代希臘世界力量對比關係的研究中，清楚地表明了帝國主義的雅典（城邦）所扮演的角色。

雅典制度的運作需要倚靠良好的演說才能，因此雅典成了雄辯之都。錫拉庫扎人利西亞斯（約公元前440-380年）留下了法庭演講的範例。伊索克拉底（公元前436-338年）則是古希臘——羅馬時代演說家的典範。然而德謨斯提尼（公元前384-322年）無疑是最偉大的政治演說家：與他同時代的人給他起了「猛獸」這一綽號。

獨奏音樂會

在一群年輕人面前，一個音樂家登台表演笛子獨奏。我們無法以現在的「笛子」來形容它：演奏者拿的是一種有一根或兩根管子，接近於單簧管或雙簧管的樂器。

公元前五至四世紀，雅典成了「希臘的學校」。伯里克利所扮演的角色是如此堪為榜樣，以至人們至今還把公元前五世紀說成是「伯里克利世紀」。他個人的行為還有他政治領袖的身份為這一讚譽提供了解釋。藉著妻子阿斯帕西的幫助，他成功地把當時最傑出的人物聚集到自己周圍；如梭佛克里斯、希羅多德、雕塑家菲迪亞斯、建築師伊波達摩斯（米萊特人）及其他許多人都曾是他家的常客。

被稱為「古典」的時代

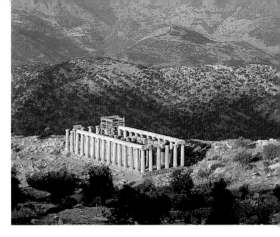

巴斯神殿

在伯羅奔尼撒中部阿卡迪亞高原，伊克蒂諾斯領導建造了一座神殿獻給樂於助人的阿波羅，這是希臘各地建築欣欣向榮的極佳證明。

雅典衛城

穿過巨大的柱廊＊（前廳）(1)進入岩石平台。依據伊克蒂諾斯的設計方案所建造的帕德嫩神廟(2)俯視著整個建築群。帕德嫩這個名稱來自於人們放置雅典娜珍寶的房間名稱（「處女宮」）。建築群西側頂端是雅典娜 Nikè（「勝利」）(3)的小神殿。北側是海神波賽墩和雅典娜的神殿(4)，以前曾在這裡安置過古老的雅典娜偶像。平台上有一尊雅典娜的巨大青銅塑像（「身先士卒的雅典娜」)(5)，是菲迪亞斯的作品。

64

被稱為「古典」的時代

大工程

公元前六世紀，僭主們增加了實用工程的建設，留下了無可匹敵的成績；公元前五世紀雅典只在比雷埃夫斯進行過大規模的城市建設，由米萊特的建築師伊波達摩斯領導。相反地，紀念性建築物，尤其是宗教建築物的建造卻經歷了其黃金時代。這並不是人們在建築學上有什麼發明，建築樣式依然如故；然而人們卻從未見到過這麼多、這麼大的工程。同時，建築品質也從未達到過如此完美無缺的程度——在雅典和希臘各地都一樣。

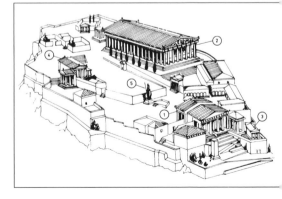

雅典和衛城

公元前五世紀，波賽墩神廟在索尼翁海角建了起來；火神赫發斯特斯的神廟建於阿戈拉之巔；愛柳西斯則在一座新神殿中舉行秘密祭禮。但沒有任何建築能與衛城的工程匹敵。伯里克利委託雕塑家菲迪亞斯在這片岩石高地上修建一座大理石城，以頌揚諸神。這項工程耗時二十年，使大批工人、公民和居住在雅典的外國僑民獲得了固定的工資；而附近的邦德利克採石場則為工程提供了優質的大理石。

雕塑家

菲迪亞斯及其工人完成了衛城建築的雕塑工程；他們為帕德嫩神廟創作了用金和象牙製成的雅典娜雕像，還為奧林匹亞神廟創作了宙斯雕像。其他城邦也有偉大的雕塑家：底比斯（城邦）的米隆聞名於名為「鐵餅擲手」的雕塑；阿哥斯的波里克萊特則以「多里福爾」雕像（見 p.88）樹立了人體雕塑的典範（確定了人體雕塑各部比例的標準）。

雅典娜女神節的騎士

每年都要慶祝雅典娜女神節，而每四年中會有一次特別隆重。節日的最後一天，雅典民眾列隊前往衛城向雅典娜女神奉獻一件鮮艷的刺繡服裝，並將其披在女神雕像上。菲迪亞斯和他的同伴在神殿外牆長160公尺的檐壁*上，用雕塑展現民眾這一列隊儀式，在隊伍的後面，有幾個年輕人騎在馬上翻騰跳躍。

除雅典外，還有下列幾處最重要的建築：
—在奧林匹亞，有建於公元前 468–457 年的宙斯神廟；其中的宙斯雕像是菲迪亞斯的傑作；
—阿哥斯有建於約公元前420年的赫拉女神廟；
—在巴斯，公元前420–417 年間建造了阿波羅神廟；
—在德爾菲，公元前373–333 年間建造了新的阿波羅神廟。

65

被稱為「古典」的時代

公元前五世紀：連綿不斷的戰爭

面對西方野蠻人

在希臘人抵抗薛西斯的波斯軍隊之際，西西里和義大利的希臘城邦也面臨著類似的危險：即迦太基人入侵西西里的危險和古義大利人＊及伊特魯立亞人攻擊義大利本土上希臘城邦的危險。公元前482-478年間的錫拉庫扎僭主熱隆，於公元前480年9月的某一天中，在西西里北海岸伊梅爾粉碎了迦太基的艦隊和軍隊。他的兄弟伊耶隆繼承他的職位並於公元前474年在庫梅斯擊敗了伊特魯立亞艦隊。

為對付蠻族的威脅，希臘人一度攜手合作。然而危險一過，西方的希臘城邦便開始相互廝殺——正如它們的宗主城邦一樣。這些爭鬥中最悲慘的是克羅托內與錫巴里斯之間連綿的戰事。公元前510年，獲勝的克羅托內消滅了對手，並把一條曾經改道的河流引到錫巴里斯的廢墟中。

希臘人稱錫拉庫扎僭主德尼斯為老德尼斯，以之與其兒子小德尼斯相對照；而後者則根本不具有其父的政治及軍事才能。希臘人對老德尼斯這位天才冒險家的功績很著迷，因為他建立了一個新型國家，使希臘人、西西里人和古義大利人＊成為同一主人的臣民。哲學家柏拉圖來到了錫拉庫扎尋找嚮往的理想城邦，但他運氣不好：被關進了監獄。

被稱為「古典」
的時代

僭主德尼斯

伊梅爾和庫梅斯的勝利給錫拉庫扎帶來了相當的聲譽。當錫拉庫扎反抗雅典人最後並消滅了雅典軍隊後（公元前415-413年），曾一度幾乎成了希臘世界首屈一指的城邦。但迦太基人新的入侵卻幾乎把它毀滅。自公元前408年起，塞利農特、伊梅爾和阿格里琴托諸城邦皆一一被摧毀，居民也遭屠殺。錫拉庫扎逃過了同樣的命運，但把自己完全託付給了一名軍官——德尼斯；於是此人獲得了全權（公元前405年）。這個新型的僭主迫使錫拉庫扎作出巨大的軍事努力，因此成功地把迦太基人的佔領地限制於西西里四分之一的地盤。隨後，又利用所雇佣軍佔據了南義大利的部分地區，試圖建立某種形式的錫拉庫扎帝國。

還要對付蠻族人

公元前421年，奧斯克人摧毀了希臘人最早的移民地庫梅斯。公元前約390年，盧卡尼亞人奪取了波斯托姆。在地中海另一端，馬賽利亞（馬賽）為抵禦凱爾特——利古里亞人的進攻，只得放棄與高盧民族的貿易活動。作為南義大利首府的塔蘭托因要再次對付古義大利人*的進攻，只得在公元前335年求助於伊庇魯斯國王亞歷山大·勒·莫洛斯。而錫拉庫扎則要重新對付迦太基人。

　　薩拉米戰役（公元前480年）及隨後的勝利結束了波斯的威脅。但長久以來，西方的希臘人卻只能獲得些暫時的喘息而已。

跳水者

除了神殿的壯觀遺跡外，波斯托姆還提供了墓穴內繪有壁畫的墳墓；這些壁畫是希臘繪畫中罕見的遺跡，因為我們通常只能從著色器皿上了解希臘繪畫。圖中，一名青年男子從岬角上跳入水中，這可能是喪禮中發生的事。

「**大希臘**」一詞是指南義大利和西西里所有希臘城邦及希臘人所居住的地方。廣闊的地盤和龐大的財富使其宗主城邦嚮往和渴望，並把這視為「遙遠的西方」。

被稱為「古典」的時代

三層槳戰船及划槳手

這是唯一告訴我們三層划槳手分佈位置的古代文獻。最高一層的划槳手位於船舷突出部位的平台上。下面一層槳從舷孔中伸出。每支槳由一名男子操縱。

陸上戰爭

公元前 431 年伯羅奔尼撒戰爭開始時，雅典動員了27400名士兵，其中有13000名重武裝步兵、1000名騎兵；外邦人*組成了一支9500人的隊伍擔負防禦任務；另有 2500 名老兵（50歲以上）和1400名新兵（20歲以下）。此外還有數千名僱傭兵（尤其是弓箭手）及軍中僕從，他們之中既有自由人，也有奴隸。每人都自費武裝，但雅典保證支付軍餉。斯巴達動員公民時，一樣也動員「庇里阿西人」和「希洛人」上戰場效力，因為其公民數量已日漸減少。

海上戰爭

在關於三層槳戰船的問題中，有許多已經因1987 年製造且命名為「奧林匹亞」的三層槳戰船而得到了解決。即使以兩側兩根槳作舵，船隻也很容易操縱。船主要靠單一的帆向前行駛；由划槳手們幫助操作、加快並在整個航程中調整速度：當時的航速是五至六節（時速十公里）。船首有重300-400 公斤的青銅衝角，用以衝撞敵船側面：在這種情況下，划槳手們的力量及舵手的能力是有著決定作用的。

雅典維持著一支由 200-300 艘三層槳戰船組成的艦隊。由於「戰船攤派」的制度，一個富裕公民需供養一艘戰船：訓練其船員並擔任其指揮；國家則提供船殼、帆及帆纜索具。這支艦隊停泊於比雷埃夫斯港的三個小海灣，這裡有造船工地、船塢和泊位。每艘單艦的200名船員中，有170名是划槳手，來自於最窮的公民集團 —— 雇工（25000-30000人），也同樣領取固定軍餉。

68

被稱為「古典」的時代

重武裝步兵的對抗

理想的戰鬥是兩隊排列整齊、盾牌靠著盾牌、縱深五至六行的重武裝步兵的對抗;他們都以急步衝向對方展開戰鬥。裝備的重量在25-30公斤之間;因此,在離敵方最多一、二百公尺處,他們才開始衝鋒。第一次衝擊後,很多長矛的尖頭便折斷了。人們隨之以劍戰鬥,以便突破敵方陣線。

被稱為「古典」的時代

伯里克利去世後，雅典明顯出現了兩股對抗的勢力：

— 溫和派，更確切地說是和平主義派，由尼西亞斯這位機敏的實業家，然而卻是平庸的將軍所領導；

— 民主派，同時又是主張極端措施的帝國主義者，先後由製革商克萊翁和豎琴商人克萊奧封領導。他們雖都是正直勇敢的人，然而問題的規模超出了他們的能力。可是雅典人又太容易聽信煽動家，阿爾西比亞特無疑是其中最壞的。他發動雅典遠征西西里；被指控褻瀆宗教後，又背叛了祖國並建議斯巴達再次進行對雅典的戰爭。

70

被稱為「古典」的時代

多少世紀以來，希臘人認為勝利者可以屠殺男人、把婦女和兒童變為奴隸。公元前404年，底比斯和科林斯打算讓雅典蒙受這一命運，不過斯巴達則寬待了雅典。

雅典帝國主義

城邦間的競爭不可避免地引發許多戰爭，不過通常都是局部戰爭。公元前五世紀末，情況就不同了：雅典一個城邦就擁有如此強大的勢力，以至成了其他所有希臘人的威脅。雅典所領導的提諾斯海上同盟（提洛同盟）實際上是個帝國。結盟的希臘城邦被稱為「從屬的城市」。其財政「分攤額」則變成了「貢品」（此詞是指戰敗城邦向戰勝者交付的物品）。同盟的金庫從提諾斯搬到了雅典，而且人們從中花大筆錢以供雅典艦隊和軍隊使用，同時支付衛城的大工程之需。更嚴重的是，雅典佔據了結盟城邦的土地以安頓雅典公民——他們是某種軍人移民（殖民者）。

這種帝國主義政策把愛琴海變成了名符其實的雅典湖。在北方的色雷斯海岸，雅典於公元前 436 年建立了安菲波里斯。當比桑斯欲脫離同盟時，便遭到了嚴厲的懲罰；因黑海兩海峽＊的海上通道對雅典而言是至關緊要的。每年，來自烏克蘭，為雅典人提供糧食的小麥船隊，正是從這裡通過的。

斯巴達不能聽任對手過分增強實力，此外，雅典為支持民主制度而干預不屬同盟所轄城邦的事務。與斯巴達一起組成伯羅奔尼撒同盟的盟邦要求斯巴達加以干預，尤其是科林斯，因為它在大希臘地區的利益遭到了雅典政策的威脅。這就爆發了公元前 431 年的戰爭。

難言勝負的戰爭

伯里克利遷走了阿蒂卡半島鄉村裡全部的居民：所有人都集中於長牆後面躲避斯巴達軍隊，而雅典艦隊則控制著海面。可是一場流行性傷寒奪去了十分之一居民的生命。伯里克利本人也於公元前429年去世。在七年的時間裡，勝負交替出現，沒有人是永遠的贏家。筋疲力竭終導致了和平。公元前422年，尼西亞斯談判簽署了一個條約，但仍是什麼都未解決。

雅典仍不改變政策。民主派不願放棄帝國主義政策的實惠。公元前417-416年，米洛斯島的居民因拒絕參加提諾斯同盟而被屠殺或淪為奴隸。公元前418年，雅典又幫助阿哥斯對斯巴達作戰。雅典指望成為大希臘的主宰而發動了對錫拉庫扎的戰爭；但艦隊和軍隊都遭到了滅頂之災（公元前415-413年）。

戰鬥之夜

兩名斯巴達軍人返回戰場運回一名戰死士兵的屍體。軍中的幾名僕役扛著生者與死者的護胸甲和頭盔。敵軍屍體上的裝備將被剝下並作為戰利品*展出。

雅典的衰落

斯巴達曾幫助過錫拉庫扎人。隨後，又重新對雅典作戰，而且是在新的戰略形勢下開始了戰爭：斯巴達居然與波斯結成了聯盟！斯巴達從波斯獲得了大量津貼，用以建造艦隊和支付划槳手。雅典雖然因內戰而四分五裂，但仍支撐了很久。直到斯巴達將軍利桑德爾於公元前405年在兩海峽*附近羊河口摧毀了最後一支艦隊。雅典被圍並陷於飢餓之中；次年，雅典投降；其帝國被摧毀，城牆也被拆除。

三層槳戰船是不沉的。遭衝角撞擊後，船殼板散開掉入水中，但殘骸仍浮在水面上。海上死去的那些人可能是戰死的，或是試圖抓住飄流物而被洶湧的海浪打下來的。

被稱為「古典」的時代

馬其頓時期

希臘化世界

古希臘文化的影響

無法實現的霸權

隨著雅典的衰落，希臘本應開展一個自由的時代。然而事實上希臘只是換了個主人。斯巴達在推翻忠於雅典的各民主制度後，把寡頭政治制度（「少數人的統治」）強加於各城邦，為此，斯巴達粗暴地干預諸城邦的政治生活。又以收復小亞細亞各希臘城市為名對波斯開戰。現在是斯巴達稱霸的時代。

然而對斯巴達來說這副擔子卻太重了：只好迫使各城邦在波斯仲裁下簽訂全面性的和約 —— 斯巴達本身已放棄了對波斯的鬥爭。公元前386年，斯巴達與波斯在波斯帝國利底亞省*首府薩爾代斯簽訂了「大王和約」，把小亞細亞的希臘城市讓給了波斯，以換取後者對斯巴達稱霸希臘的支持。

底比斯打破了枷鎖，把斯巴達駐軍趕出自己的城堡。兩位傑出人物：埃巴米儂達斯和貝洛比達斯將比奧提亞半島諸城邦組成了一個由底比斯領導的聯邦國家。公元前371年，埃巴米儂達斯在洛克特爾發明了一種新的戰鬥隊形並殲滅了斯巴達軍隊。於是，底比斯試圖稱霸希臘；其艦隊與雅典爭奪愛琴海，而且也成了波斯盟友。公元前362年，埃巴米儂達斯在他最後一次勝利之夜於曼迪內被殺。底比斯的統治也隨之告終。

希臘人以「霸權」（即「優勢」、「絕對權力」）一詞表示我們所說的「帝國主義」。隨伯里克利的雅典而產生，並被斯巴達、底比斯重燃的霸權企圖，在公元前五世紀和四世紀還是個新鮮事。直至公元前五世紀，從未有任何城邦試圖控制整個希臘。

「寡頭政治」（或者說「少數人的統治」）是民主政治（即全民都被召喚來行使政治權力的制度）的反面。公元前411年，雅典經歷了一個短暫的寡頭政府：只包括五千人的公民團體；實際權力則屬於由四百名貴族組成的會議。

74

城邦和王國

雅典的更新

公元前 404 年，戰敗的雅典利用斯巴達與其先前盟友間衝突的機會，很快地重新修築城牆並組建一支艦隊。海上同盟的許多成員因厭惡斯巴達的專制及擔心波斯的政策而重新回到了雅典這一邊。因此，雅典於公元前 378-377 年再次組織同盟，而且保證尊重盟友，不再侵吞它們的財政捐稅。但是小亞細亞西側的希臘城邦卻不在同盟之內：它們依然在波斯監護之下。雅典因此重新獲得了重要的政治地位，而且可以考慮向斯巴達和底比斯宣戰了。

可是雅典的這種強盛是脆弱的：自公元前 357 年起，許多城邦，如比桑斯脫離了同盟；雅典又缺乏財政手段去鎮壓城邦的背叛，只得放棄以武力迫使其返回。正如斯巴達及底比斯，雅典也成了強弩之末，只得正視自己身為中等強邦的事實。

海上劫掠

這是一種地區性的活動。隨著雅典結束海上的管理，這種活動又獲得了好時機。人們看到一艘有帆有槳的小戰船（注意它的衝角）攔住了一艘比它重、也比它駛得慢的商船。

小亞細亞*西南部卡利省省督摩索爾兼併了利西及好幾個希臘城邦。這位事實上不受波斯國王控制的省督推行強有力的政策，以便控制南愛琴海。公元前 357 年，他幫助反叛的島嶼對抗妨礙他的雅典。公元前 353 年這位強有力的親王去世，埋在哈利卡爾納斯一座由希臘工匠建造的、稱為「摩索萊」（陵墓之意）的墳墓裡。

城邦和王國

公元前401年，13000名希臘傭兵幫助波斯皇子小居魯士爭奪皇位。小居魯士在巴比倫附近的一次戰役中被殺，之後，傭兵在雅典人色諾芬的率領下穿越波斯帝國直抵黑海沿岸，並渡海抵達了比桑斯。這倖存的「萬名傭兵」充分表明了希臘傭兵在戰鬥中的作用。

城邦的新危機

如同公元前八世紀和前七世紀時，希臘世界再次進入了大動蕩時期。與以往一樣，某些城邦因內戰陷於四分五裂；成千上萬人因貧困而離鄉背井。然而移民時代已經結束，於是這些冒險家大多投身行伍，成為職業兵士：這便是傭兵。在不同的年歲中，他們的人數在四、五萬之間變動，誰出錢，他們就為誰賣命；僱傭者從西西里僭主甚至到波斯王本人各種人都有。

反常的是，由於海上貿易和銀行業的發展，公元前四世紀又是一個繁榮的時期。然而，當希臘船承擔著敘利亞到迦太基之間的地中海主要貿易之際，各城邦本身的居民數卻日漸稀少，平民的日子也日益艱難。

伯羅奔尼撒戰爭造成的嚴重破壞使農民破產。正當他們準備重振耕業時，又遭到奴隸勞動力的競爭；那些債台高築的人只好拋下田地，投身城市。但是奴隸的競爭在工場中照樣存在；此外，像塔蘭托一類的海外城邦或黑海沿岸的城邦也獨力生產了高質量的工業品。

於是，經濟和社會混亂隨之出現，而且還出現了信仰上的混亂。希臘人在其歷史上第一次搶劫了泛希臘主義的神殿：公元前364年，阿卡迪亞人搶劫了奧林匹亞神殿；公元前356年，弗西斯人搶劫了德爾菲神殿。

富人們霸佔土地，使斯巴達的公民——士兵喪失了生存工具。出生率下降，且斯巴達人不斷在各個戰場上死去。在公元前479年的布拉底戰役中，斯巴達出動了10000名重武裝步兵，其中有公民5000人；但在公元前371年的洛克特爾戰役中，斯巴達重武裝步兵只剩3200人，其中公民僅700人。

76

城邦和王國

市場情景

幾個世紀以來，比奧提
亞以其陶器生產著稱。
公元前四世紀，塔那格
拉因其高質量的作品而
聞名遐邇；這些作品表
現了日常生活場景，尤
其是那些刻劃年輕漂亮
女子的小雕像。圖中幾
個人物使人想到了廣場
上集市的熱鬧氣氛。

雅典的民主政治

自公元前 404 年失敗以後，在長達八個月的
時間裡，雅典遭受了三十名僭主的血腥統治；
期間，民主政治最惡劣的敵手進行了殘酷的
報復。公元前 403 年，民主政治得以恢復而
且得到了強化。公民大會變得堅強有力，委
員會則失去了其緩衝的作用。

　　人們提供津貼給那些貧困的公民以彌補
他們因參加會議而損失的工資。不可避免的
結果是：最貧困的人和失業者成了人民議會
的主宰，而煽動家們上下其手，鼓動他們採
取極端措施。新的海上同盟已不像公元前五
世紀那樣備受雅典剝削；那麼到那裡去找錢
幫助窮人並支付傭兵呢？解決辦法依然是向
不從事政治的富裕公民徵稅。於是，城邦精
神的一致性因此受到了威脅。

針對各城邦經歷的危
機，不少希臘人提出了
新的解決辦法。例如雅
典人伊索克拉底就建議
希臘人團結一致對付蠻
族人。為完成這一事業，
他曾考慮過尋求雅典的
合作；後來他又想依靠
某位君主，如錫拉庫扎
僭主德尼斯。因為他的
緣故，希臘將在城邦以
外的地區獲救及個人權
力是不可或缺的這類想
法獲得了進展。

城邦和王國

墓中的腓力

1977年11月，發掘者在馬其頓王國古都埃吉埃附近的維吉納（馬其頓南部）清理出一座完好無損的墳墓。墓中的財富使人立即想到這是一座王家墳墓。分析墓中器物和死者的遺骨，證明這是腓力二世的墳墓：「脛甲」（或說「腿套」）是長短不等的，而腓力正是瘸腿；在頭部右眼眶有嚴重外傷的痕跡，腓力因為在一次圍攻中，右眼中箭而成了獨眼。我們猜想圖中這一象牙雕像是國王的真正面容。

78

城邦和王國

馬其頓國王腓力二世

分城邦而治的希臘，北部止於賽薩利，此地由騎士貴族統治。再往北便是馬其頓，在希臘人眼裡，這裡的土地和居民幾乎均是未開化的。馬其頓君主們卻反而像希臘人——他們說希臘語；不過在各城邦公民看來，他們代表一種極可怕的政治制度：一個人不受限制地支配著其他自由人。對希臘而言，馬其頓某種程度上是對付巴爾幹蠻族人（色雷斯人、伊利里亞人、伊庇魯斯人……）的一張盾牌，因為馬其頓的國王們在長期無休止的戰爭中耗盡了王國的資產（正是這些戰爭保護了希臘人免遭新的入侵）。

經過數年的攝政後，腓力二世（即菲利浦二世）於公元前356年當上了馬其頓國王。作為一個遼闊國家（面積約三萬平方公里）及50-60萬自由居民的主宰，他天才地利用了衰弱的希臘帶給馬其頓的機會。他用暴力殘酷地清除了國內的反對派；鄰近的蠻族人也被制服；道路網的修建使馬其頓第一次成為商人涉足之地，同時也方便了王家士兵和官吏的交通。被馴服的貴族提供了出色的騎兵；農民則提供了方陣的士兵，而且戰法也得到了改進。

公元前359-353年的幾年時間裡，腓力二世臣服了色雷斯海岸地區、卡爾西迪克半島和賽薩利，摧毀或兼併了如安菲波里斯之類的許多雅典盟邦。只有希臘人聯盟在德摩比勒隘道*擋住了他的行動。

腓力和德謨斯提尼

馬其頓的擴張威脅著雅典。腓力二世在色雷斯沿岸奪取或摧毀了多處雅典屬地，使雅典喪失了木材和金屬；此外，腓力還威脅了黑海兩海峽*，即來自南俄糧食船隊的通道。

然而雅典希望和平，不想在公元前357-355年的失敗後再有新的軍事和財政改革。正在此時，德謨斯提尼開始了政治生涯：他善於利用自身傑出的演說才能來動員雅典人為愛國作出特殊的努力，因為他可能比別人更早明白：腓力二世的勝利將是獨立的希臘城邦的末日。因此，必須恢復正規的兵役、交付新的稅收、刪除公眾節日所需的開支並不再給予窮苦人補助。達到這一切需七年時間。

公元前353-340年間，腓力二世完成了對北方城市的征服；公元前348年，他奪取並摧毀了雅典盟邦奧蘭特。公元前339年，他的軍隊已到達希臘中部。雅典和底比斯遲遲才結成聯盟，但強大的馬其頓軍隊於公元前338年在喀羅尼亞戰勝了它們。

腓力二世並不去摧毀那些戰敗者。他迫使所有希臘城邦（斯巴達除外）參加以他為首的「科林斯同盟」；各城邦失去了自主權；但腓力二世許諾將帶領它們進行對波斯的征戰。獨立的城邦就此告終。

希臘人總是以方陣應戰：重武裝步兵排成密集隊形，盾牌挨著盾牌，用尖尖的長矛攻擊。經腓力二世重整後，方陣使用的矛更長，重武裝步兵行列的縱深達12-15行，尤其輕裝步兵於方陣兩側配合作戰，而方陣本身正面寬度則有所縮小。使用這種互相配合的戰法是不易的，須以有效的訓練為基礎。腓力二世做到了這一點，因為他的軍隊是從農民中招募來並配有職業軍官的常備軍。

79

我們保存著德謨斯提尼的六十多篇演說詞。在最著名的演說中有七篇「反腓力」的演說，是為動員同胞進行他所預見的決定性戰鬥而作的。我們從此保留了「反腓力」這個字眼，用以指那些嚴厲的甚至激烈的政治演說。

城邦和王國

希臘化世界

戰鬥中的亞歷山大

這尊在龐貝附近赫爾庫拉諾姆發現的青銅小雕像，是亞歷山大的官方雕塑家利西普作品的複製品。年輕的國王用劍攻擊一名敵人。他兩腿彎曲、不用馬鐙而騎在馬上，盔甲下垂著厚厚的銅片（垂飾），右肩上別著騎士的短披風。他的馬是著名的「布塞法爾」，這是一匹自他青少年起，便只有他能駕馭的馬。

亞歷山大大帝

腓力二世去世（於公元前336年被刺）時，亞歷山大才20歲；他擊潰了起來反抗的希臘人（德謨斯提尼稱他為「一個年輕小子」），並摧毀了底比斯。兩年後，越過了黑海兩海峽*，開始征服波斯帝國。他最多擁有過四至五萬人馬，由方陣、穿護胸甲的騎兵及工程師們組合成一支舉世無雙的軍隊。

　　下頁的地圖標明了「征服者」的進軍路線：從公元前334年的格拉尼庫河大捷到公元前324年的回師巴比倫，征服者或步行、或騎馬，縱橫馳騁達一萬八千公里。公元前323年6月13日，亞歷山大可能因瘧疾死於巴比倫，享年32歲又8個月。他開創了一項革命性的政策：把希臘人和波斯人合編於軍隊之中，並讓所有人接受希臘的教育，以此把希臘人和波斯人融合於同一個王國。

亞歷山大要所有人———希臘人和波斯人——拜倒在他腳下。公元前324年，亞歷山大要希臘諸城邦豎立他的雕像，並命人在雕像前向「戰無不勝的神」獻祭。此外又刻意散播他屬於神明譜系的傳說：依亞歷山大母親的族譜，他是阿奇里斯後裔；就其父親的族譜而言，他是赫克利斯，因而也是宙斯的後裔。

城邦和王國

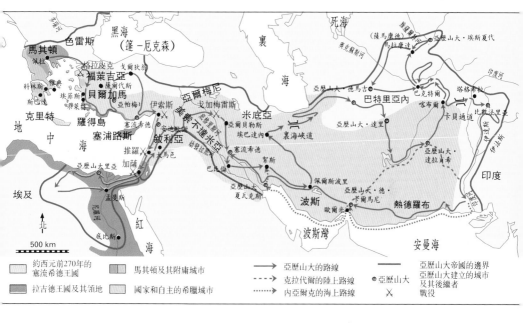

黑海
色雷斯
(蓬－厄克森)
裏海
死海
馬其頓
佩拉
格拉尼克　戈爾狄桑
福萊吉亞
雅典
科林斯
埃菲斯
薩爾代斯
斯巴達　米萊特
貝爾加馬
亞爾梅尼
亞帕梅
克里特
羅得島
塞流希亞
安條克
米底亞
戈加梅雷亞
羅馬
塞浦路斯
推羅
敘利亞
馬薩巴
埃巴達内
裏海峽道
伊索斯
美索不達米亞
貝爾勒斯
塞流希德
亞歷山大里亞
加薩
巴比倫
弩斯
埃及
玉斐斯
紅海
底比斯
波斯灣
亞歷山大
德馬吉
巴特里亞内
亞歷山大·埃斯夏代
馬拉康達
亞歷山大·達里
亞歷山大·德·卡爾馬尼
熱德羅布
佩爾斯波里
亞歷山大·夏瓦克斯
歐爾米
波斯
安曼海
塔格拉
喀布爾
卡貝通道
比瓜法里亞
伊法斯
印度

500 km
北

約西元前270年的
塞流希德王國

拉吉德王國及其領地

馬其頓及其附庸城市

國家和自主的希臘城市

亞歷山大的路線

克拉代爾的陸上路線

内亞爾克的海上路線

亞歷山大帝國的邊界
亞歷山大建立的城市
及其後繼者
✕ 戰役

● 亞歷山大

亞歷山大之後

普魯塔克寫道:「在他之後,一切都跟以前不同了」。在亞歷山大去世時,希臘城邦仍在造反,馬其頓軍隊和艦隊便無情地鎮壓起義者。此後,重大事件便在遠離希臘的地方展開了。

亞歷山大的將軍中沒有一人能接替他。此後四十年的時間裡,「繼承者們」相互對峙。這是人力和資源的極大浪費;直到交戰各方精疲力竭、亞歷山大的同伴們年老死去,此種浪費才得以停止。

至公元前280年,帝國統一成了不可能的夢想:托勒密在埃及建立了拉吉特王朝;塞流卡斯創立了統治敘利亞和東方的塞流卡斯王朝;另一人則控制著馬其頓和希臘……

亞歷山大帝國
及其瓜分

亞歷山大去世前統治著波斯帝國、印度河流域、馬其頓以及希臘。

亞歷山大以最多五萬人的軍隊開始了戰爭。雖然是勝利者,但軍隊總會因戰鬥和疾病而減員,尤其在新建的七十個城池裡(「亞歷山大城」)還留了駐軍。他是怎樣保持兵員的呢?首先是來自希臘的約五萬名增援部隊,然後是招收土著兵員,再按希臘方式把他們裝備起來。在印度,亞歷山大有12萬人馬,其中只有三分之一是希臘人和馬其頓人。

81

城邦和王國

公元前322年，雅典在對馬其頓的阿莫戈斯島海戰中投入了二百艘三層槳戰船，但卻被擊敗，結束了海上的優勢，雅典從此再也無力建造新型戰船了；這是有四至五排划槳手的巡洋艦，上載三百人，甲板相當寬，足以安置投射器、弩炮等戰械。

垂死的高盧人

公元前三世紀，凱爾特人*入侵希臘，搶劫了德爾菲（公元前279）並破壞了小亞細亞*。希臘人稱之為「加拉特人」（即「高盧人」），希臘雕塑家常常表現這些可怕的武士。最後貝爾加馬國王終於戰勝了他們。

一個新世界

公元前 280 年以後的兩個世紀，從西西里到印度河的希臘世界變化非常緩慢。因其幅員遼闊，塞流卡斯王國是最難維持的。在小亞細亞*貝爾加馬周圍建立起了一個獨立王國（公元前241年）；在伊朗和印度邊界，蠻族人很快蠶食起希臘的地盤，其中以帕提亞人最為危險。

　　希臘本土則以馬其頓的秩序統治著。城邦中最大膽的人已遠走高飛，前往新的王國當兵、移民、或做工匠碰碰運氣。只有那些相互接近、組成足以與馬其頓抗衡的聯邦或同盟還值得一提；例如西北部的埃托利亞同盟和伯羅奔尼撒的亞加亞同盟。

　　相反的，斯巴達和雅典再也無力扮演國際角色了。雅典甚至失去了海上和貿易優勢而讓位給羅得島。

82

城邦和王國

眾多的君主國

亞歷山大的繼承者們拒絕「征服者」(指亞歷山大)所希望的融合希臘人與土著人。然而，移居於這片廣袤土地的希臘人，數量卻不足以建立完全希臘化的王國。因此，君主們便在王國中保留甚至創立了數十個希臘城邦。

這些由希臘人和顯貴土著居民所居住的地方既是城堡、又是保衛征服地的行政中心、也是通過體育學校＊培養希臘移民及當地優秀分子的文化中心，甚至還是經營開發中心。每個城邦都擁有廣闊的鄉村區域，由已淪為奴隸的土著勞動者加以開發。因此，土著只認識那些當兵及收稅的希臘人。只要世道太平、稅收可以忍受、希臘人尊重他們的神明和習俗，這些土著也就認命了。但自公元前二世紀起，稅負加重後，農民起義便接連不斷。

各希臘城邦皆有自主權。然而，不可能僅由一個國王行使對於眾多國家的管理。作為軍事統帥、最高法官及公眾治安的擔保人，君主是高人一等的，他的名字還附加有諸如「救主」、「恩人」之類的稱號。他受神明保護，且本人也是神明，因此生前就接受祭禮。於是獻給君主們的廟宇、雕像及祭壇日益增多。

安條克三世

這位生於公元前242年的塞流卡斯國王於公元前223-187年間在位。「大帝」這一別號，他當之無愧，因為他在公元前212-205年間的七年裡，像亞歷山大一樣，在其王國的東部省份(直至印度)進行戰爭以恢復在那裡的權力。他在頭髮上結一根白色的羊毛帶子以象徵王家的權力。

在通常為五至六萬人的軍隊中，希臘人只佔不到一半。這些原是佃農身份的希臘士兵可以從國王那裡得到一份土地作為服役的交換。其他的則是傭兵，招募傭兵因此造成了沉重的財政負擔。此外，各支大軍都配有戰象＊。這些大象宛如今日坦克的鼻祖，它們飼養於王家的牲口棚，在那裡接受訓練，並成群地出現於戰場上。

城邦和王國

鑲嵌畫

自公元前四世紀起，鑲嵌畫成了宮廷及希臘化城市中市民住宅裝飾的一部分。最初由彩色小砂礫製成（馬其頓王國首都佩拉的這幅鑲嵌畫便屬此例，表現了亞歷山大迎戰一頭獅子的場景），隨後又以經過加工的彩色立方體小石塊製成；裝飾性的鑲嵌畫曾被整個地中海世界所採納。

源出馬其頓的托勒密拉吉特王朝（在埃及一直統治到公元前30年）第一位君主托勒密·索特（公元前367-283年）建立了亞歷山大里亞博學園。這是專為祭拜九位繆斯（文化和藝術生活的保護神）的宗教協會，由作家和學者組成。因此，第一個博學園是某種形式的研究機構，為了工作需要，還成立了當時最大的圖書館。

84

城邦和王國

新的文明

在兩、三代的時間裡，希臘世界的範圍達到了前所未有的規模。從伊朗到西西里的廣闊地區，人們都說希臘語——至少在城市裡如此。波斯歷代國王積聚的財寶鑄成了貨幣，在這廣袤的區域中，繁榮的商業活動便是靠希臘式貨幣維持的。

大都會的生活是時髦的城市生活；興建在廣闊地盤上的新城市（埃及的亞歷山大里亞、敘利亞的安塔基亞、貝爾加馬、底格里斯河畔的塞琉西），根據城市規劃的需要整修了寬闊的林蔭道、作為公用設施的巨大建築以及為取得飲用水的引水渠。

資產階層在城市形成了，依出身分為希臘人、或已經接受體育學校*教育而希臘化的土著居民。國王們沒忘記自己的「根」：他們的善行推及希臘的古老城邦；例如雅典就因此得到了壯觀的新建築物。

亞歷山大里亞的燈塔

公 元前三世紀初
建於亞歷山大
里亞對面法魯斯小島上
的這座燈塔高100公尺，
共有三層，頂端聳立著

救主宙斯的雕像。入夜，
頂部平台上燃有火把。
一條1200公尺長的堤壩
把小島和海岸連在一
起。堤壩東側（圖中左

側）是亞歷山大里亞港；
造型粗短的商船及追求
速度的戰船均停泊於
此。

城邦和王國

古希臘文化的影響

「古希臘文化」是指高盧到印度之間的整個古代世界中所傳播的希臘文明。羅馬的征服曾一度對此有所破壞，但最終卻促進了它的傳播。

希臘獨立的結束

羅馬最先戰勝並兼併了大希臘的城邦，公元前272年臣服了塔蘭托，隨之又於公元前212年臣服了錫拉庫扎。各希臘化王國逐漸地也遭遇了同樣的命運。馬其頓率先於公元前146年淪為羅馬的一個行省；公元前30年克里奧佩特拉的埃及也成了最後一個淪為羅馬行省的地方。來自東側的帕提亞人佔據了塞流卡斯帝國東部，公元前129年帝國本身偪於敘利亞一隅。

希臘化時代的文明

此期的希臘學者搜集並寫了所有反映希臘思想的著作；這些著作充滿了各大圖書館，尤其是亞歷山大里亞圖書館。大學者阿基米德（公元前287-212年）、厄克利德（公元前三世紀）、 埃拉托斯特尼（約公前284-192年）增進了數學和地理學的知識。雅典則成了哲學之都，有柏拉圖派學校（學園）和亞里斯多德派學校（呂克昂）；此外還有伊比鳩魯派*和斯多噶派*。

每個城邦都有一個圖書館，每所體育學校*至少也有幾卷書。但任何地方都無法與王家大圖書館相比，其中首屈一指的要數亞歷山大里亞圖書館。它建於公元前290年，藏有購置的手稿及抄本，總量達70萬卷。這些手寫於紙莎草紙上的書一卷卷分門別類地藏於博學園的壁櫥裡。貝爾加馬也有自己的大圖書館，藏書達30萬卷；人們正是在這裡開始使用一種不像紙莎草紙那樣易碎的紙張（而且紙莎草紙被埃及所壟斷）即經鞣製、漂白並弄薄的動物皮——羊皮紙；此詞源於希臘語 "pergaménè"（「貝爾加馬的皮」）。

城邦和王國

古希臘文化的殘餘

對男子進行希臘文化教育的體育學校有利於希臘文化的擴展。這種各希臘化城邦都有的學校，在羅馬世界的所有城市裡同樣可以見到。到處都需使用國際性的希臘語，商人及知識分子都說這種語言。

羅馬正是透過希臘人和希臘語才認識並採納東方神明的：如來自埃及的愛西絲神（司婚姻、農業及醫療的神）和塞拉比斯神*，弗里吉亞*的西貝爾神*及伊朗的密特拉神*等。此外，使徒們是用希臘語來傳播基督教的。

羅馬帝國在東方行省的行政事務上使用希臘語。公元330年，皈依基督教的君士坦丁皇帝正是在這裡，以前名叫比桑斯的地方，建起了君士坦丁堡；這是「新的羅馬」，是一直延續到1453年的拜占廷希臘帝國的首都。

「共同的」希臘語

這幅地圖表明了公元前一世紀時希臘語的擴展。在敘利亞或埃及的腹地，村民們始終說阿拉米語*或科普特語*，但顯貴和官吏們則說希臘語——一種被稱為「共同語言」的語言。《福音》正是以這種「共同語言」編撰的。

87

體育學校是一種古老的機構，「裸體（男子）」（這是gymnos這個希臘詞的含義）在其中接受訓練。自公元前五世紀起，運動員們可在已變為演說廳的休息室或柱廊下，接受雄辯家或詭辯家的教育。

城邦和王國

青銅怎樣
變成了石頭

希臘許多古典雕像是用青銅製成的，但多數已經消失：當最初的基督徒搶劫或破壞異教作品時，青銅（雕塑）便遭融化、回收並用於其他的用途。所幸的是，自古代起，最出色的作品就用大理石作了複製。因此，波里克萊特的《多里福爾》（現藏那不勒斯博物館）及米隆的《擲鐵餅者》（現藏梵蒂岡博物館）都是據青銅雕原件所作的大理石複製品。

◀ 波里克萊特的《多里福爾》：根據在義大利龐貝發現的青銅雕而製作的羅馬複製品。

88

希臘人

那些被我們稱為"Grecs"（拉丁語的「希臘人」）的人自己則以"Hellènes"（希臘語中「希臘人」之意）一詞自稱。他們說自己是一個名叫"Hellène"的人傳下來的，此人是大洪水以後出生的第一批人中的一個。我們保留了"Hellène"一詞的詞根"hell"，從而組成與希臘歷史、希臘文明有關的詞彙：hellénisme（古希臘文化）、hellénique（古希臘的）、 hellénisant（研究古希臘的）、hellénistique（希臘化時代的）……

▲ 擲鐵餅者：一個希臘器皿上紅色畫像的細部（約公元前490–480年）。

電影：戲劇片和故事片

當代某些電影工作者把一些古代保留下來的劇目搬上了銀幕，同時也尊重了原文。希臘人卡科亞尼斯就這樣表現了幽里比德斯的三部戲劇：《伊萊克查》(1962年)、《特洛伊婦女》(1971年) 和《伊菲姬妮亞》(1977年)；電影以古希臘語錄製，還好配了字幕！義大利人帕索里尼則離幽里比德斯的原文和古希臘遠了一些，他在1969年把《梅蒂亞》這部舉世聞名的悲劇拍成電影。除1956年拍攝過亞歷山大大帝的電影外，取材於希臘史的歷史片並不多；多數只不過是一些純虛構的故事片，如義大利影人塞爾吉奧·列奧尼1961年拍攝的《羅得島的巨人》，不過列奧尼的另一部作品《Westerns spaghettis》更為人所知。

交談中的兩位女子：約公元前一百年的塔那格拉陶製▲品。

89

您說希臘語嗎？

醫學中約有4500個詞彙直接源於希臘語。這些詞彙在法國或是其他地方都是不可或缺的；此外，法國外科醫生安普瓦茲・帕雷 (1509–1590) 發明的 "hygiène"（衛生）一詞，就源自希臘保健女神之名 "Hygiè"。

十八世紀末期的物理學家和化學家也取材希臘語從而構成新詞：「氧氣」、「氫氣」等詞彙是拉瓦西埃創造的。政治術語中同樣有許多來自希臘語的詞：「民主」、「君主政體」、「貴族」……。在日常生活中，我們甚至不知不覺地在說希臘語：如「電報」、「電話」、「照相」等這些我們十分熟悉的詞彙；不要忘記，某些人廣泛使用以表示其「熱情」的 "hyper-"（表示「超」、「過度」的意思）這一前綴詞同樣也來自希臘語！

▲ 一位作家：陶土燒製的小塑像（約公元前520–480年）。

您以前知道嗎？

不去希臘、土耳其沿岸（小亞細亞西側）、也不去西西里（錫拉庫扎、塞利農特、塞日斯特）或南義大利（波斯托姆），我們還可到法國和普羅旺斯參觀三處希臘考古遺址：馬賽的「遺跡公園」展示了古代港口和堡壘的殘餘部分；1967 年以來在該遺址發現的物品皆藏於馬賽歷史博物館。

在聖一布萊茲、埃唐德貝爾與地中海之間，有一段原用來防衛古希臘城邦，長一公里多的城牆。

最後，在普羅旺斯的聖一雷米附近，格拉諾姆遺址證實這裡採用的是希臘的生活方式：古希臘廣場、劇場、神殿、帶柱廊的房屋、園子等。

泥土燒製的古老神殿模型：（約公元前六百年）。
▼

補充知識

90

我們博物館中的古希臘

法國許多博物館（尤其是里昂美術博物館）中都有專為古希臘設置的廳，但藏品最豐富的要數巴黎國立圖書館中的錢幣陳列室（這裡陳列有希臘錢幣和器皿）和羅浮宮：陳列有各個時代各種風格的藝術品和工藝品，舉世最完整的器皿收藏之一及著名的雕塑如公元前六世紀的「奧塞爾的貴婦」、公元前五世紀的雕塑如雅典娜女神節盛況的檐壁斷片、「薩莫色雷斯島大捷」及公元前二世紀的「米洛的維納斯」等。

外國的博物館也有絕妙的古希臘物品的收藏：波士頓、倫敦（帕德嫩神殿的主要雕塑品藏於不列顛博物館）、哥本哈根、柏林、慕尼黑、羅馬（梵蒂岡博物館）、塞浦路斯、伊拉克利翁……等，最後，雅典還有國立考古博物館、古朗德里斯博物館（收藏基克拉季斯群島藝術品的勝地）以及衛城博物館。

補充知識

91

實用信息

羅浮宮博物館(Musée du Louvre)

34, quai du Louvre, 75001 Paris

電話：(1) 40 20 51 51

《奧塞爾的貴婦》：
(約公元前640-630年的) 古老的雕像。▶

參考書目

希臘世界地圖集(*Atlas du monde grec*), Nathan, 1982.

P. Briant,從希臘到東方：亞歷山大大帝(*De la Grèce à l'Orient: Alexandre le Grand*), Gallimard, «Découvertes», 1987.

F. Chamoux, 古代與古典的希臘文明(*La Civilisation grecque archaïque et classique*), Arthaud, 1962.

F. Chamoux, 希臘上古及古典文明(*La Civilisation grecque à l'époque hellénistique*), Arthaud, 1981.

R. et F. Étienne,古代希臘：考古發現(*La Grèce antique: archéologie d'une découverte*), Gallimard, «Découvertes», 1990.

P. Faure et M.-J. Gaignerot, 古希臘指南(*Guide grec antique*), Hachette, 1991.

R. Flacelière, 伯里克利時代的希臘日常生活(*La Vie quotidienne en Grèce au siècle de Périclès*), Hachette, 1991.

R. Ginouvès,希臘藝術(*L'Art grec*), PUF, 1989.

P. Lévêque,希臘奇遇(*L'Aventure grecque*), Armand Colin, 1986.

P. Lévêque,希臘的誕生(*La Naissance de la Grèce*), Gallimard, «Découvertes», 1990.

P. Miquel, 古希臘時代男人們的私生活(*La Vie privée des hommes au temps de la Grèce ancienne*), Hachette, 1991.

Cl. Mossé, 希臘文明詞典(*Dictionnaire de la civilisation grecque*), Complexe, 1994.

F. Robert,希臘宗教(*La Religion grecque*), PUF, «Que sais-je?», 1984.

連環畫

Jacques Martin, 希臘兒童阿里克斯(*Alix, l'enfant grec*), «Les aventures d'Alix», Casterman, 1980.

Jacques Martin et Jean Pleyers, 特洛伊馬 (*Le Cheval de Troie*), «Les aventures d'Alix», Casterman, 1988.

Jacques Martin et Pierre de Broche, t. II,希臘(*La Grèce*), «Les voyages d'Orion», Orix, 1994.

電影

Robert Rossen, 亞歷山大大帝(*Alexandre le Grand*)(États-Unis, 1956).

Sergio Leone, 羅得島的巨人(*Le Colosse de Rhodes*)(Italie, 1961).

Michel Cacoyannis, 埃萊克特爾(*Électre*) (Grèce, 1962).

Pier Paolo Pasolini, 梅蒂亞(*Médée*) (Italie, 1969).

Michel Cacoyannis, 特洛伊婦女(*Les Troyennes*) (Grèce, 1971).

Michel Cacoyannis, 伊菲姬妮亞(*Iphigénie*) (Grèce, 1977).

補充知識

92

本詞庫所定義之詞條在正文中以星號 (*) 標出，以中文筆劃為順序排列。

三 劃

大象(Éléphant)
亞歷山大第一次與戰象作戰是在印度。後來希臘化時代及迦太基的軍隊也採用了大象。

（大）女神(Deesse (Grande))
也被稱為「母親─女神」，是地中海東部人們對有利於生殖力的原始女神的稱呼。

女祭司(Sibylle)
把神的旨意曉示於人的女預言者，尤指（德爾菲）阿波羅神殿的女預言者。古代曾有過約十名女預言者，其中以德爾菲和南義大利庫梅斯的最為著名。

小亞細亞(Asie Mineure)
古代的區域，相當於今天的土耳其。

四 劃

文字(Écriture)
古代曾有過多種文字體系：表意文字（一個符號代表一樣東西、一個動作、一種思想）、音節文字（一個符號代表一個音）和拼音文字。「線形文字B」既是表意文字，又是音節文字。

火葬(Incinération)
希臘人或在柴堆上焚化死者遺體（火葬）、收集骨灰，或將其埋葬（土葬）。

五 劃

仙女(Nymphe)
希臘人敬奉的許多次要神明之一。眾仙女們是泉水和河流之神。

古義大利人(Italiques)
指公元前十世紀初佔據義大利（伊特魯立亞除外）的印歐語族人*。

外邦人(Métèque)
對並無雅典公民身份但居住於雅典的希臘自由人的稱謂。

六 劃

伊比鳩魯派(Épicuriens)
教育人們如何不懼神明、又不怕死，並通過內心的寧靜平和而達到真正享樂的哲學派別。

印歐語族人(Indo-Européens)
人們以此稱呼公元前四千年居住於俄羅斯與土庫曼斯坦之間，說相似語言的所有民族。公元前三千年起，他們漸漸佔據了從印度到中歐的領土。

米堤亞人(Mèdes)
公元前十世紀，米堤亞人與波斯人共同佔據了伊朗。「米堤亞戰爭」使希臘人與整個波斯帝國相對立。

米諾托(Minotaure)
人身公牛頭的怪物，被囚禁於克里特的迷宮*中吞食迷途之人。

西貝爾女神(Cybèle)
象徵大自然力量的女神，曾在弗里吉亞被敬奉；後來，這一崇拜傳到了羅馬。

七 劃

似幾何圖形的(Géométrique)
此形容詞使用於公元前十至八世紀器皿上的繪畫裝飾。

希臘的中世紀(Moyen Âge grec)
與「黑暗的世紀」一樣，用來表示公元前十二世紀邁錫尼世界末期至公元前九世紀城邦出現之間的這個階段。

角力場(Palestre)
體育學校*附近（有時不在附近）的公共場所，供人們進行戰鬥訓練。

八 劃

東方化(Orientalisant)
指公元前七世紀羅得島及科林斯器皿上那些以葉叢、棕葉飾及動物造型為中楣的繪畫裝飾。

林神(Satyre)
森林和田野之神，由人的上半身和公羊的腿組合成的形象來表示。

阿拉米語(Araméen)
公元前十世紀時，居住於東方的閃米特人分支阿拉米人的語言，曾在整個東方被使用，後為阿拉伯語繼承之。

青銅(Bronze)
公元前四千年，人們就知道用銅(80%)和錫的合金製造青銅。尋找錫礦是人們探索西歐（西班牙、布列塔尼、英國）的緣起。地中海（地區）的青銅時代延續於公元前四千至一千年之間。

九 劃

柱廊(Propylée)
一種門廳。此詞的複數則指神殿或宮殿的入口處。

省(Satrapie)
波斯帝國的行政區域，由具有總督權限的一名省督管轄。

小小詞庫

科普特語(Copte)

公元前四世紀起，埃及語變成科普特語。"Copte"一詞也指埃及的科普特基督教徒。

十　劃

冥府(Enfers)

死者在地下的居住地，由海地士（幽冥神）統治。死者靈魂需乘坐查融駕駛的船渡過守誓河才能到達冥府。

海上民族(Peuples de la mer)

這一源出埃及的詞語是指公元前十二世紀蹂躪過愛琴海世界和近東的諸民族。印歐語族人也是這群人中的一部分。

（兩）海峽(Détroits)

自古至今，此詞被用以指稱連接地中海與黑海的通道：達達尼爾海峽和博斯普魯斯海峽。

神諭(Oracle)

指神明表達的旨意，又指該神明表達旨意的場所。如阿波羅的神諭在特爾斐，宙斯的神諭在多多納。

紙莎草(Papyrus)

昔日生長於尼羅河邊的一種蘆葦，也指以其纖維製成、可以在上面寫字的紙莎草紙。這種紙張後來漸漸被更耐用的羊皮紙所取代。

迷宮(Labyrinthe)

米諾斯讓建築師提達魯斯造了這幢奇特的建築物，走廊極為複雜，人進去後就出不來了。這裡是(怪物) 米諾托*的住所。

酒神巴克斯的女祭司(Bacchante)

來自酒神戴歐尼修斯的另一名稱巴克斯（拉丁語寫作Bacchus）；女祭司是戴歐尼修斯的信徒並舉行酒神節典禮。

十一劃

密特拉(Mithra)

伊朗的太陽神，鼓勵信徒不斷與惡鬥爭。

部落(Tribu)

希臘社會的基本單位之一；與小亞細亞西側各希臘城邦一樣，雅典將公民組織在四個部落中。克利斯提尼代之以十個地區部落。

十二劃

凱爾特人(Celtes)

這些使用同屬印歐語系*語言的中歐民族自公元前九世紀便遷移到了英國、高盧及所有地中海國家。

斯多噶派(Stoïciens)

指出在面臨人生考驗時，智者應在美德和勇氣中得到幸福的哲學派別。

腓尼基人(Phéniciens)

曾經佔據敍利亞和黎巴嫩濱海地帶的閃米特人；其水手曾統治過地中海南岸地帶。

十三劃

塞拉比斯神(Sérapis)

托勒密拉吉特王朝時期埃及所敬奉的神明，兼有奧西利斯（埃及死者的保護神）、戴歐尼修斯(酒神)和海地士（幽冥神）的特徵和神力；這是安慰人並替人治病的神。

奧林帕斯山(Olympe)

這座高2917公尺的山峰聳立於賽薩利北部。希臘人把諸神住所設於此地。

十四劃

福萊吉亞人(Phrygiens)

公元前九世紀佔據小亞細亞*西部的印歐語族人*中的一支。他們與其鄰居兼競爭者利底亞人，共同和小亞細亞西側的希臘人建立了經常性的關係。

十五劃

德摩比勒隧道(Thermopyles)

（其名意為「熱的門」，因該處有灼熱的礦泉水）控制著自北方入侵希臘中部必經的入口處。

小小詞庫

十六劃

戰利品(Trophée)

起初，這是指勝利者在戰場上取自失敗者並獻給諸神的武器堆。也引申為慶祝勝利而立的紀念碑。

十七劃

檐壁(Frise)

希臘神殿上的檐壁由柱子上方的石條構成，其上可以雕塑。建築物上方經雕塑的整個條狀裝飾也叫做檐壁。

篷一厄克森(Pont-Euxin)

黑海的希臘名字，意為「好客海」。希臘人期望以此稱呼來避免黑海的風暴和霧所帶來的危險。

十八劃

擺杆步犁(Araire)

沒有輪子，用以耕地的工具；與有犁壁、可以翻地的犁相對。

雙斧(Hache double)

古希臘時，代表天上的神明及其所發射的雷電。

二十劃

蘇格拉底之前的(Présocratique)

表示公元前六至五世紀的希臘哲學家。

二十一劃

鐵(Fer)

鐵器時代在東方始於公元前十二世紀。公元前十至五世紀期間，鐵在歐洲普及。

二十三劃

體育學校(Gymnase)

提供體育和智力全面教育的公共機構。希臘化時代的諸王國中，希臘人正是通過體育學校保存並傳播他們的文化。

小小詞庫

95

所標頁碼為原書頁碼，從粗體號碼的書頁裡可以歸納出該詞完整的意思。

二 劃

（希臘）七智(Sages (Sept)) 33
「十將軍委員會」成員 (Stratège) 52, 53

三 劃

三層槳戰船(Trière) 36, 68
土葬(Inhumation) 17
大希臘(Gréce (Grande)) 37, 62, 67, 86
大流士(Darius) 37, 50
大象(Éléphant) 83, 93
（大）女神(Déesse (Grande)) 13, 93
女眷內室(Gynécée) 57
女預言者(Sibylle) 45, 94
小亞細亞(Asie Mineure) 10-11, 16-17, 50, 75, 93, 等
工匠(Artisan) 31, 32, 36, 56

四 劃

五百人會議(Boulè, bouleutes) 49, 52, 77
五項比賽(Pentathlon) 45
內戰(Guerre civile) 32, 33, 37
公民大會(Ecclésia) 52, 57, 77
（賓館、會堂等）公共建築 (Prytanée) 42
厄克利德(Euclide) 86
及腓力二世的 (Philippiques) 79
少女雕像(Korè) 48
尤里西斯(Ulysse) 18-19, 21
文字(Écriture) 17, 29, 93
方陣(Phalange) 31, 79, 80
比桑斯(Byzance) 27, 70, 75, 87
比奧提亞(Béotie) 7, 17, 23, 74
比雷埃夫斯(Pirée (Le)) 22, 51, 53, 68
氏族(Famille) 49
火葬(Incinération) 17, 93

五 劃

仙女(Nymphe) 37, 94
卡爾西迪克半島(Chalcidique) 78
古希臘文化(Hellénisme) 86-87
古義大利人(Italiques) 66, 93
外邦人(Métèque) 53, 68, 94
奴隸(Esclave) 27, 35, 56, 70
布拉底(Platées) 51, 76
弗凱亞人(Phocéens) 27
民主(Démocratie) 52, 74
民眾法庭(Héliée) 48, 52, 57
立法者(Législateur) 32

六 劃

伊文思(Evans (Arthur)) 9, 12
伊比鳩魯派(Épicuriens) 86, 93
伊克蒂諾斯(Ictinos) 64
伊庇魯斯(Épire) 6, 67, 78
《伊里亞德》(Iliade) 18, 20
伊朗(Iran) 84, 87
伊特魯立亞人(Étrusques) 29, 37, 66
伊索克拉底(Isocrate) 63, 77
伊梅爾(Himère) 66-67
伊奧利亞人(Éoliens) 11, 17
共同語言(Koïnè) 87
刑事法庭(Aréopage) 48, 52
划槳手(Rameur) 31, 68
印度，印度河(Inde, Indus) 81-83, 86
印歐語族人(Indo-Européens) 11, 93
吉諾斯（氏族）(Génos (clan)) 20, 30, 37, 49
同盟 (Confédération) 51, 70, 75, 77
合唱隊(Chœur, choreute) 61
多多納(Dodone) 44
多利安人(Doriens) 16-17

多里福爾(Doryphore) 65, 88
多神論，多神教(Polythéisme) 38-39
字母(Alphabet) 18, 29
守誓河(Styx) 43
安塔基亞(Antioche) 84
托勒密(Ptolémée) 81, 84
米洛，米洛斯(Milo, Milos) 8, 11, 71
米洛斯的維納斯(Vénus de Milo) 8
米堤亞（戰爭）(Médiques (guerres)) 50, 51
米堤亞人(Mèdes) 50, 93
米萊特(Milet) 27, 37, 50
米萊特的伊波達摩斯 (Hippodamos de Milet) 63, 64
米隆(Myron) 65
米爾西亞德(Miltiade) 50
米諾托(Minotaure) 12, 40, 94
米諾斯(Minos) 12, 13
羊皮紙(Parchemin) 86
色雷斯(Thrace) 7, 26, 36, 78
艾皮曼尼修斯(Épaminondas) 74
行政官員(Magistrat) 52
衣服，服裝(Vêtement) 55
西古里斯人(Sicules) 37
西西里(Sicile) 14, 26, 37, 66
西貝爾神(Cybèle) 87, 93

七 劃

似幾何圖形的(Géométrique) 21, 93
伯里克利(Périclès) 52, 63, 65, 71
伯羅奔尼撒(Péloponnèse) 63, 68, 76, 82
克利斯提尼(Clisthène) 49
克里特島(Crète) 13-14, 17, 22
克里奧佩特拉(Cléopâtre) 86
克諾薩斯(Cnossos) 12, 14
利古爾格(Lycurgue) 35
利西亞斯(Lysias) 63

索引

96

利底亞人(Lydiens) 22, 37

利桑德爾（來山得）(Lysandre) 71

呂克昂(Lycée) 62, 86

君士坦丁（堡）(Constantin-(ople)) 87

吟遊詩人(Aède) 19

（荷馬史詩）吟遊者(Rhapsode) 19

希波克拉底(Hippocrate) 62

希洛(Hilote) 34, 35, 68

希羅多德(Hérodote) 63

希臘的中世紀(Moyen Âge grec) 18, 94

希臘語(Grec (langue)) 11, 87

庇西特拉圖(Pisistrate) 33, 49

庇里阿西人(Périèque) 34-35, 68

李奧尼達(Léonidas) 51

杜里斯(Douris) 58-59

狄洛斯(Délos) 44, 49, 51, 70

狄蜜特(Déméter) 40

角力場(Palestre) 59, 94

貝洛比達斯(Pélopidas) 74

貝殼放逐法(Ostracisme) 52

貝爾加馬(Pergame) 82, 84, 86

邦德利克(Pentélique) 65

八　劃

亞加亞人(Achéens) 11, 16, 17

亞里斯多芬尼 (Aristophane) 61

亞里斯多德(Aristote) 62

亞格曼儂(Agamemnon) 20

亞歷山大大帝(Alexandre le Grand) 9, 80-81, 83

亞歷山大里亞(Alexandrie) 81, 84, 85, 86

佩拉(Pella) 84

兩海峽(Détroits) 49, 70, 80, 93

奉獻，獻祭(Sacrifice) 42

宗主（城邦）(Métropole) 26

宙斯(Zeus) 11, 39-41, 44, 45

居民(Population) 7, 11, 26

帕提亞人(Parthes) 82, 86

帕德嫩(Parthénon) 64-65

底比斯(Thèbes) 23, 74, 75, 79

底格里斯河畔塞琉西(Séleucie du Tigre) 84

拉吉特(Lagide) 81, 84

拉科尼亞(Laconie) 17, 34

東方化(Orientalisant) 28, 94

林神(Satyre) 60, 94

波利克拉特(Polycrate) 33

波里克萊特(Polyclète) 65

波斯(Perse) 37, 50, 74, 80

波斯托姆(Pæstum) 26, 66, 67

波賽墩(Poséidon) 19, 39, 65, 66

法官(Juge) 20, 30, 32, 49

長矛(Lance) 31, 69, 79

阿戈拉(Agora) 22, 54, 57, 65

阿卡迪亞（高原）(Arcadie) 16, 17, 64, 76

阿奇里斯(Achille) 18, 80

阿拉米人(Araméen) 87, 93

阿波羅(Apollon) 39, 44-45, 64

阿波羅神殿的女祭司(Pythie) 45

阿芙柔黛蒂(Aphrodite) 13, 39

阿哥斯城，阿戈利斯(Argos, Argolide) 17, 36, 39, 65, 71

阿基米德(Archimède) 86

阿斯克萊皮奧斯(Asclépios) 44

阿蒂密絲(Artémis) 39, 42, 44

（男）青年雕像(Kouros) 32, 48

青銅(Bronze) 13, 17, 28, 93

九　劃

施利曼(Schliemann (H.)) 8-9, 14

城市化(Urbanisme) 84

城邦(Cité) 21-22, 52, 等

帝國主義(Impérialisme) 63, 70, 74

幽里比德斯(Euripide) 61

柱廊（門廳）(Propylée(s)) 14, 64, 94

查融(Charon) 43

柏拉圖(Platon) 62, 66

洛克特爾(Leuctres) 74, 76

洛里翁(Laurion) 51, 56

省督，省(Satrape, satrapie) 75, 94

盾牌(Bouclier) 15, 21, 31, 69

科林斯(Corinthe) 28, 36, 44, 79

科普特人，科普特語(Copte) 87, 93

科雷(Corè) 40

胞族（大氏族）(Phratrie) 23, 37

英雄(Héros) 37, 40

軍餉(Solde) 52, 68

迦太基(Carthage) 37, 66-67, 76

迪拉（桑托林島）(Théra) 6, 9, 13, 27

重武裝步兵(Hoplite) 31, 34, 59, 69

十　劃

修昔底德(Thucydide) 63

冥府(Enfers) 13, 43, 93

哲學家們(Philosophes) 59, 62

埃及(Égypte) 13, 84, 86-87

埃比多爾(Épidaure) 44

埃托利亞人(Étoliens) 82

埃拉托斯特尼(Ératosthène) 86

宴會(Banquet) 54

庫梅斯(Cumes) 26, 66-67

桑托林島（迪拉島）(Santorin (Théra)) 6, 9, 13, 27

泰利斯(Thalès) 62

海上民族(Peuples de la mer) 94

海地士(Hadès) 39

海希歐德(Hésiode) 31, 38, 39, 58

海盜劫掠(Piraterie) 19, 75

特洛伊(Troie) 8, 9, 10, 19

神話（學）(Mythologie) 38

神廟（神殿）(Temple) 64-65

神諭(Oracle) 26, 44-45, 94

《神譜》(Théogonie) 31

紙莎草、紙莎草紙(Papyrus) 10, 58, 86, 94

記事板(Diptyque) 59

訓練孩子的人(Pédotribe) 58

貢品(Tribut) 70

迷宮(Labyrinthe) 12, 93

酒神女祭司(Bacchante) 40, 93

馬(Cheval) 7, 11

馬其頓(Macédoine) 6, 78-79, 86

馬拉松(Marathon) 50

馬賽（馬賽利亞）(Marseille (Massilia)) 27, 67

高盧人、加拉特人(Gaulois, Galate) 29, 82, 86

十一劃

國王(Roi) 19, 20, 21, 83

基克拉季斯島(Cyclades) 10, 16

執政官(Archonte) 30, 48, 49, 52

密特拉(Mithra) 87, 94

教師、教育家(Pédagogue) 59

教讀寫的教師(Grammatiste) 58

梭佛克里斯(Sophocle) 61, 63

梭倫(Solon) 48, 49, 52

畢達哥拉斯學派 (Pythagoricien) 62

移民運動(Colonisation) 26, 31, 32

笛子(Flûte) 63

船艦(Navire) 29, 30, 68, 82

荷米斯(Hermès) 39, 43

荷馬(Homère) 18, 38, 58

貨幣(Monnaie) 29, 33, 51, 84

部落(Tribu) 37, 49, 94

陶瓷器(Céramique) 28, 36

麥西尼亞(Messénie) 34

十二劃

凱爾特人(Celtes) 82, 93

喀羅尼亞(Chéronée) 79

喜劇(Comédie) 61

悲劇(Tragédie) 60, 61

提達魯斯(Dédale) 13

斯巴達(Sparte) 34-35, 70, 74

斯多噶學派(Stoïciens) 86, 94

斯基泰人(Scythes) 50

普尼克斯(Pnyx) 52

普萊姆的財寶(Priam (trésor de)) 8

普羅米修斯(Prométhée) 40

（古希臘）殖民者(Clérouque) 70

等級（階級）(Classes) 48

腓力二世(Philippe II) 9, 78-79

腓尼基人(Phéniciens) 16, 27, 29, 51, 94

菲迪亞斯(Phidias) 41, 63, 64, 65

貴族(Noble) 20, 21, 26, 30

雅典(Athènes) 48-49, 64-65, 等

雅典的色諾芬(Xénophon d'Athènes) 76

雅典娜(Athéna) 38, 39, 49, 等

雅典娜女神節(Panathénées) 49, 57, 65

雅典衛城(Acropole) 23, 64-65, 70

雄辯家(Rhéteur) 59, 62, 87

黑海(Noire (mer)) 27, 37, 49, 76

十三劃

傭兵(Mercenaires) 68, 76, 77, 83

債務(Dettes) 30, 32, 48, 76

塞米斯托克爾(Thémistocle) 51, 53

塞拉比斯(Sérapis) 87, 94

塞浦路斯(Chypre) 13, 16, 17

塞琉古(Séleucos) 81-82, 86

塔蘭托(Tarente) 26, 37, 67, 84

《奧狄賽》(Odyssée) 18

奧林匹亞(Olympie) 9, 41, 45, 76

奧林帕斯山，奧林帕斯諸神 (Olympe, Olympiens) 38-39, 40, 43, 94

奧爾科麥納(Orchomène) 14, 23

愛西斯(Isis) 87

愛柳西斯(Éleusis) 40, 65

愛斯奇里斯(Eschyle) 61

愛琴海(Égée (mer)) 6-7, 11, 74

愛奧尼亞(Ionie) 19, 37, 62, 74

愛奧尼亞人(Ioniens) 11, 16, 17

萬名傭兵(Dix Mille) 76

義大利(Italie) 14, 26, 66-67

葡萄，葡萄酒(Vigne, vin) 7, 13, 33, 56

詭辯派(Sophistes) 62, 87

資深者會議(Gérousia) 35

農奴身份(Servage) 34, 37, 83

農民(Paysan) 31, 36, 56

《農作與日子》(Travaux et les Jours (Les)) 31

頌揚(Panégyrie) 45

十四劃

僭主(Tyran) 33, 64

僱工(Thète) 59, 68

圖書館(Bibliothèque) 86

寡頭政治(Oligarchie) 74

漏壺（漏刻）(Clepsydre) 55

煽動家(Démagogue) 53

監察官(Éphore) 30, 35

《福音》(Évangiles) 87

福萊吉亞人(Phrygiens) 22, 87, 94

維克斯（的器皿）(Vix (vase de)) 28

赫克利斯(Héraclès) 40, 80

赫拉(Héra) 22, 39, 45, 65

赫發斯特斯(Héphaïstos) 38, 39, 65

赫絲西雅(Hestia) 42

索引

98

齊特拉琴(Cithare) 58, 59

十五劃

劇場(Théâtre) 60-61
德尼斯(Denys) 66-67, 77
德拉古(Dracon) 33, 48
德拉克馬(Drachme) 33, 51
德爾菲神廟 (Delphes) 26, 45, 65, 76, 82
德摩比勒隘道 (Thermopyles) 51, 78, 94
德賽(Thésée) 40
德謨克利特(Démocrite) 62
德謨斯提尼 (Démosthène) 63, 79, 80
潘朵拉(Pandore) 40
潘提翁(Panthéon) 38, 39
線形文字(Linéaire) 16, 17
豎琴(Lyre) 10, 19, 58

十六劃

學校(École) 58-59
學習文化和軍事的學校 (Éphébie) 59
學園(Académie) 62, 86
戰利品（勝利紀念碑） (Trophée) 94
戰車(Char) 15, 21

燈塔、法魯斯小島 (Phare, Pharos) 85
錫(Étain) 17, 28
錫拉庫扎(Syracuse) 37, 66-67, 86

十七劃

戴歐尼修斯(Dionysos) 39-40, 49, 60
橨壁(Frise) 28, 65, 89, 93
（長）牆(Murs (Longs)) 53, 71
篷－厄克森(Pont-Euxin) 27, 49, 94
繆斯廟，繆斯(Musée, muses) 45, 84
薛西斯(Xerxès) 51, 66
賽薩利(Thessalie) 7, 17, 78
邁錫尼(Mycènes) 9, 14, 16, 17

十八劃

擺杆步犁(Araire) 10, 28, 93
禮拜儀式(Liturgie) 61, 68
薩拉米 (Salamine) 48, 51, 52, 67
薩爾代斯(Sardes) 50, 74
薩摩斯(Samos) 16, 33, 39
鎮(Dème) 49, 56
雙斧(Hache double) 13, 93

額爾金勳爵(Elgin (Lord)) 8
騎士(Cavalier) 59, 65, 68, 80

十九劃

羅馬人(Romains) 86-87
羅馬行省 (Province romaine) 86
羅得島(Rhodes) 17, 28, 82

二十劃

競技者，競技運動場(Athlète, athlétisme) 45
繼承者們(Diadoque) 81
蘇格拉底之前的 (Présocratique) 62, 94
蘇格拉底(Socrate) 44, 62

二十一劃

護胸甲(Cuirasse) 15, 21, 80
鐵餅擲手(Discobole) 65, 88
鐵(Fer) 7, 17, 28, 93
霸權(Hégémonie) 74

二十三劃

體育學校(Gymnase) 59, 84, 87, 93

二十五劃

蠻族人(Barbare) 50, 66-67, 82
鑲嵌畫(Mosaïque) 84

索引

一套專為十歲以上青少年設計的百科全書

人類文明小百科

行政院新聞局推介中小學生優良課外讀物

· 充滿神秘色彩的神話從何而來？
· 埃及金字塔埋藏什麼樣的秘密？
· 想一窺浩瀚無垠的宇宙奧秘嗎？

人類文明小百科
為您解答心中的疑惑，開啟新的視野

EN SAVOIR PLUS

人類文明小百科

1.歐洲的城堡
2.法老時代的埃及
3.羅馬人
4.希臘人
5.希伯來人
6.高盧人
7.樂器
8.史前人類
9.火山與地震
10.探索與發現
11.從行星到眾星系
12.電影
13.科學簡史
14.奧林匹克運動會
15.音樂史
16.身體與健康
17.神話

探索英文叢書‧看故事學英文

超級科學家系列
SUPER SCIENTISTS

當彗星掠過哈雷眼前，
當蘋果落在牛頓頭頂，
當電燈泡在愛迪生手中亮起……
一個個求知的心靈與真理所碰撞出的火花，
那就是《超級科學家系列》！

全書中英對照，配合清晰的字詞標示與精美繪圖，學起英文來再也不枯燥。

神祕元素：
居禮夫人的故事

電燈的發明：
愛迪生的故事

遠望天際：
伽利略的故事

光的顏色：
牛頓的故事

爆炸性的發現：
諾貝爾的故事

蠶寶寶的秘密：
巴斯德的故事

宇宙教授：
愛因斯坦的故事

命運的彗星：
哈雷的故事

三民叢刊196 寶島曼波

行政院新聞局推介中小學生優良課外讀物

木屐是做什麼用的呢？
穿的？嘿！那你就太小看它了呦！
生活在衣食無缺的年代，
你是否少了那麼點想像力呢？
沒關係，讓寶島曼波重新刺激你的神經，
告訴你在爸爸媽媽的童年時代裡，
木屐的各種妙用。
小心！別笑到肚子疼喔！

三民叢刊176 兩極紀實

文建會「好書大家讀」1998科學組圖書年度最佳少年兒童讀物

本書收錄作者1982年在南極，
及1991年獨闖北極時寫下的考察隨筆和科學散文，
將親眼所見之動物生態、
風土民情，以及自然景致描繪出來，
帶領你徜徉極地的壯闊之美；
更以關懷角度提出人類與生物、社會與自然、
中國與世界、現在與未來的省思，
是本絕不容錯過的好書。

國家圖書館出版品預行編目資料

希臘人 / Maurice Meuleau著;鄭德弟譯.－－初版二
刷.－－臺北市;三民,民91
　　面;　　公分－－(人類文明小百科)
含索引
譯自:Les Grecs
ISBN 957-14-2620-2　(精裝)

1.希臘-文化

740.215　　　　　　　　　　　　　　　86005688

網路書店位址　http : // www. sanmin. com. tw

© 希　臘　人

著作人　Maurice Meuleau
譯　者　鄭德弟
發行人　劉振強
著作財
產權人　三民書局股份有限公司
　　　　臺北市復興北路三八六號
發行所　三民書局股份有限公司
　　　　地址 / 臺北市復興北路三八六號
　　　　電話 / 二五〇〇六六〇〇
　　　　郵撥 / 〇〇〇九九九八——五號
印刷所　三民書局股份有限公司
門市部　復北店 / 臺北市復興北路三八六號
　　　　重南店 / 臺北市重慶南路一段六十一號
初版一刷　中華民國八十六年八月
初版二刷　中華民國九十一年五月
編　號　S 04004
定　價　新臺幣貳佰伍拾元整
行政院新聞局登記證局版臺業字第〇二〇〇號